《铁证——透过货币看日本侵华罪行》编委会

主　　　　编：池振南　　林伟雄

编 委 会 主 任：梁水强

编委会副主任：林丽玲

编　　　　委：任青山　　陈晓红　　蒙俏汇
　　　　　　　张新民　　钟肇渊　　罗红艳
　　　　　　　曾丽秋

铁证

透过货币看日本侵华罪行

池振南 林伟雄 编著

暨南大学出版社
JINAN UNIVERSITY PRESS

中国·广州

图书在版编目（CIP）数据

铁证：透过货币看日本侵华罪行/池振南，林伟雄编著 . —广州：暨南大学出版社，2015.7
ISBN 978 - 7 - 5668 - 1490 - 6

Ⅰ. ①铁… Ⅱ. ①池…②林… Ⅲ. ①日本—侵华—史料 Ⅳ. ①K265.606

中国版本图书馆 CIP 数据核字（2015）第 142322 号

出版发行：暨南大学出版社

地　　址：	中国广州暨南大学
电　　话：	总编室（8620）85221601
	营销部（8620）85225284　85228291　85228292（邮购）
传　　真：	（8620）85221583（办公室）　85223774（营销部）
邮　　编：	510630
网　　址：	http：//www. jnupress. com　http：//press. jnu. edu. cn

排　　版：	广州联图广告有限公司
印　　刷：	广东广州日报传媒股份有限公司印务分公司

开　　本：	787mm×1092mm　1/16
印　　张：	10.5
字　　数：	256 千
版　　次：	2015 年 7 月第 1 版
印　　次：	2015 年 7 月第 1 次

定　　价：	58.00 元

（暨大版图书如有印装质量问题，请与出版社总编室联系调换）

前　言

　　2015 年是世界反法西斯战争暨中国人民抗日战争胜利 70 周年。70 年前日本侵略者发动的那场侵略战争，给中华民族造成了前所未有的痛苦和灾难。面对战争，中国人民在中国共产党"抗日民族统一战线"的领导下，以国共合作为基础，倾全民族之力和日本法西斯进行了长达 14 年的较量，各阶层、各团体都在这场艰苦卓绝的全民族反侵略战争中，经受了考验并作出了卓越的贡献。

　　中国的抗日战争，自 1931 年"九一八事变"至 1945 年日本投降，经历了 14 年的漫长岁月。日军侵华给中华民族带来了深重的灾难，无论在精神上还是物质上，都给中国人民造成了重大的损失，创伤深深地留存在中国人民心中，久久不能抚平。这场战争延缓了中国现代化的进程，但也唤醒了中华民族，增进了民族的凝聚力，促进了民族的大团结，激发了全国人民"万众一心，共赴国难，一致抗日"的爱国主义精神，亦成为我们战后走上民族复兴伟大征程的强大动力。

　　在《铁证——透过货币看日本侵华罪行》一书中，编者从自己收藏的众多历史货币中挑选了一部分，结合历史史实，对日寇在华的种种罪行及日本侵略者发动不义战争必然失败的结局进行了揭露。透过货币看日寇罪行，编者意在以日本侵略者十几年间在中国强制发行的各种历史货币，佐证侵略者在中国实行杀光、烧光、抢光的"三光政策"后，还要中国人民为其支付庞大军费的强盗行为。书中每一枚历史货币都是日本侵略者在中国烧杀掳掠的血迹斑斑的罪证。我们希望透过这些历史证据，以铁的事实粉碎日本当局否定历史、篡改历史的企图，最大程度地还原历史的本来面目。

　　另外，本书所收录的历史货币图片均为本书编者之藏品，部分历史资料、图片来源于网络，特此说明。

编　者

2014 年 9 月于羊城

目录

第二编　卢沟桥的枪声，日本发动全面侵华战争

第三编　南京色变，汉奸当道

第四编　抗战胜利的号角吹响了

第五编　日本无条件投降

第一编

日军占领东北，扶植傀儡政权

日本挑起中日甲午战争

——日本占领台湾 50 年

  台湾，中国第一大岛，总面积约 3.6 万平方千米，现有人口约 2 300 万，范围包括本岛及外围岛屿与岛屿群（包括澎湖列岛、金门群岛、马祖列岛、东沙群岛、南沙群岛和钓鱼岛列屿）。台湾扼西太平洋航道之中心，是中国与太平洋地区各国海上联系的重要交通枢纽，地理位置十分重要，历来为兵家争夺之地。

  台湾，自古为中国固有领土，三国时期被称为"夷洲"，到了隋朝被称为"流求"，明末改称"台湾"，沿用至今。

  16 世纪起，西班牙、荷兰等西方殖民主义势力迅速发展，开始把触角伸向东方。17 世纪初，西班牙殖民主义者乘明末农民起义和东北满族势力日益强大，明王朝根基不稳之机，派兵入侵台湾，占领了台湾北部和东部的一些地区。1642 年，荷兰殖民主义者又将西班牙人从台湾赶走，使台湾成了荷兰的殖民地。

  1644 年，清军入关，明灭清起。1661 年 4 月，郑成功率 2.5 万名将士及数百艘战船，自金门料罗湾出发，经澎湖在鹿耳门及禾寮港秘密登陆，出其不意地击败荷兰守军，夺取赤嵌城（今台南市），后又经九个多月的苦战，终于在 1662 年 2 月将台湾收复，迫使荷兰总督揆一在投降书上签字，结束了荷兰殖民者在台湾 38 年的殖民统治。

  台湾回归祖国怀抱后，清政府于 1684 年设置台湾府，使之隶属于福建省。至 1811 年，台湾人口已达 190 万，其中多数是来自福建、广东的移民。这个时期，由于台湾与福建、广东的来往十分密切，台湾的经济获得了相当程度的发展，中华传统文化更加全面地传入台湾。

  1884 年至 1885 年间，法国侵略者又企图侵占台湾。法军在进攻台湾时遭到台湾守军刘铭传军的重创。到 1885 年 6 月《中法新约》签订，法军被迫撤出台湾。中法战争后，为加强海防建设，抵御外国列强的侵略，清政府于 1885 年将台湾单独划为省级编制，使之成为中国当时第二十个行省，并任命刘铭传为首任台湾巡抚。

  日本在明治维新后国力有所提高，对外扩张的野心开始暴露，宣称要"开拓万里之波涛，宣布国威于四方"，对地大物博的中国更是垂涎欲滴，虎视眈眈。光绪二十年（1894）7 月，日本以清政府应朝鲜政府请求派兵镇压朝鲜东学党农民起义为由，在朝鲜丰岛海域对中国北洋舰队发起突然袭击。8 月 1 日，清政府被迫对日宣战。因是年为甲午年，史称"甲午战争"（或"甲午海战"）。当时的清王朝政治腐败，官场中各派系明争暗斗，社会、经济均处于动荡的状况下。战争爆发后，虽经北洋水师全体官兵努力奋战，但由于军事实力悬殊，至翌年，清政府宣告战败，并于 4 月 17 日被迫与日本签订了丧权辱国的《马关条约》，规定中方将台湾及其附属岛屿、澎湖列岛和辽东半岛割让给日本，同时赔偿白银两亿两。消息传出，举国同愤，反对割地赔款之声响彻全国。台湾全省百姓

"哭声震天"，鸣锣罢市。协理台湾军务的清军将领刘永福率领军民反对日军占领，和日军进行了激烈的战斗，坚持五月有余，历经百余仗，使日军付出惨重代价，但最终失败。从此，台湾（包括澎湖诸岛屿）沦为日本殖民地达 50 年之久，直至 1945 年 8 月 15 日，抗日战争取得胜利，日本宣布无条件投降，台湾及澎湖列岛、金门诸岛（包括钓鱼岛列屿）才重新回到祖国怀抱。

日本在中日甲午战争获胜并占领台湾后，于 1897 年 3 月在其国会通过了《台湾银行法》，11 月即在日本成立"台湾银行创立委员会"。光绪二十五年（1899），其以"大日本帝国株式会社"的名义建立"台湾银行"，在台湾发行金圆券和银圆券。日本帝国主义利用其在台湾开办银行、发行钞票的特权，长期控制台湾的金融和经济命脉，掠夺台湾丰富的物产、矿产资源，把在台湾所掠夺的黄金、白银等贵金属和各种资源，源源不断地运回日本本土。日本投降后，其占领期间通过"台湾银行"所发行的货币，由国民政府开设的台湾银行发行的台币（现称为旧台币）以同等价值进行兑换，收回后予以销毁。日本帝国主义统治下的"台湾银行"所发行的货币，都是日本对台湾资源进行长期搜刮、掠夺的历史见证。

下图为日本占领台湾期间所发行的金圆券、银圆券。

日本"台湾银行"发行的金圆券

3

日本"台湾银行"发行的银圆券壹圆（1）

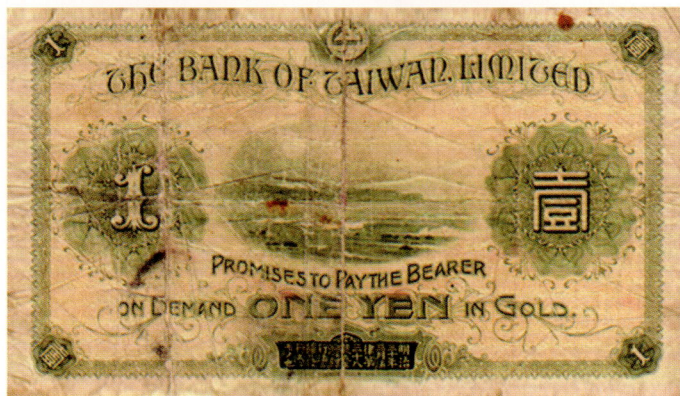

日本"台湾银行"发行的银圆券壹圆（2）

日本"台湾银行"发行的银圆券拾圆

发生在中国境内的日俄战争

——日本关东军的由来

最早觊觎我国东北沃土和深水不冻良港的是沙皇俄国和日本，他们都对占领中国领土具有极其狂妄的野心。沙皇俄国早在 16 世纪就将西伯利亚东部开发成日后南侵中国的基地，并强行霸占了原属于我国领土的库伦（今蒙古乌兰巴托）和新疆伊犁等地。同时还下大力气修筑西伯利亚大铁路，1891 年沙皇尼古拉二世还亲自前往海参崴主持该铁路的开工典礼，并扬言这条铁路修成后，将使"俄国能在任何时间内、在最短的路上把自己的军事力量运到海参崴及集中于满洲、黄海海岸及离中国首都的近距离处"，可见沙俄侵华之预谋由来已久。

1894 年 7 月，日本在美英帝国主义的怂恿下，发动了侵略中国和朝鲜的中日甲午战争。中国战败后，清政府被迫与日本签订《马关条约》，把台湾及其附属岛屿、澎湖列岛和辽东半岛割让给日本。这与俄国图谋独占整个东北的计划水火不相容，引发了沙俄统治集团的强烈不满，沙俄声言不惜一战，以武力强迫日本放弃辽东半岛。

1900 年，中国爆发义和团运动，沙俄帝国除积极参加八国联军对关内义和团进行"围剿"外，还乘机实施多路进攻，先后占领吉林、沈阳等地。至 10 月，东北三省全境均落入沙皇俄国之手。

这种局面无疑导致了日俄在远东利益冲突的进一步激化。

1904 年 2 月 8 日，日本依仗英国的军事支持和英美等国的经济援助先行动手，派遣海军偷袭停泊在旅顺港外的沙俄太平洋舰队，并击沉在朝鲜仁川的俄国军舰，从而挑起了日俄战争。

1904 年 2 月 10 日，日俄同时向对方宣战。

日俄的这场战争就发生在中国东北境内，但清政府竟置国家主权和人民生命财产安全于不顾，听任日俄两国铁蹄践踏我东北锦绣河山。无能的清政府甚至还宣布对这场战争采取"局外中立"的态度，甚至"划辽河以东地区为日俄两军交战区"。

日俄战争的结果是沙皇俄国战败，双方签订《朴茨茅斯和约》，规定俄国将中国旅顺口、大连湾及附近领土、领水的租借权以及俄国从中国所取得之一切有关特权，均转让给日本政府。由长春至旅顺口之铁路及支线，以及附属之一切权利均转让给日本政府。

日本获胜后，将其所控制的东北地区设置为一个州，取名"关东州"，并任命关东州总督进行管理，同时以保护南满铁路为由，成立了一支约两万人的"满铁守备队"。这支守备队就是"关东军"的前身。1919 年，为提升满铁守备队的地位，经日本天皇批准，在"关东州"组建"关东军司令部"，并将满铁守备队提升为"关东军"，直接受日本天皇指挥（这是日本当局为长远战略考虑而采取的措施）。此后，驻扎在东北三省的日本驻军统称为"关东军"，归"关东军司令部"领导和指挥。这就是日本关东军的由来。

下图为日俄战争时期在我国东北境内流通的俄国钞票。

沙俄时代 3 卢布钞票

印有沙皇尼古拉二世肖像的 25 卢布钞票

沙俄时代 100 卢布钞票

沙俄时代 5 000 卢布钞票

下图为日俄战争时期日本人在我国东北境内使用的日本银行券。

日本银行券五钱

日本银行券拾钱

10

日本银行券壹圆（1）

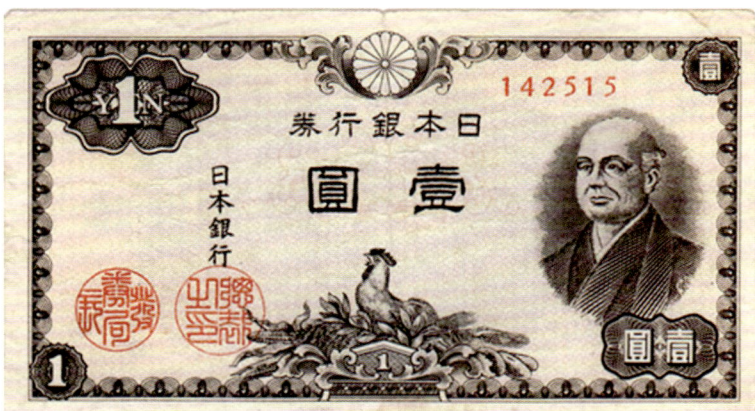

日本银行券壹圆（2）

日本银行券拾圆

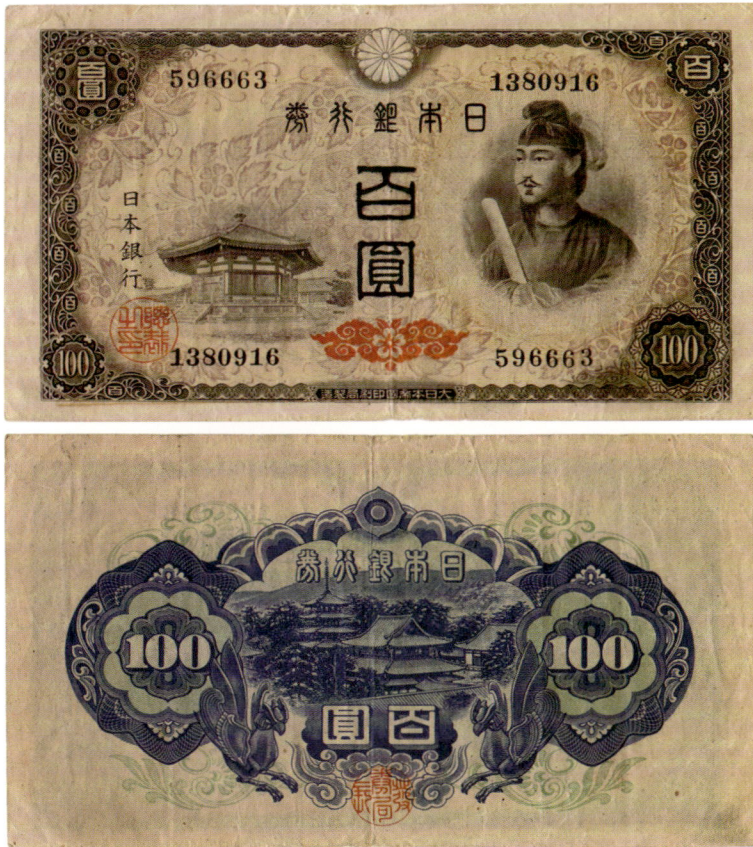
日本银行券百圆

下图为日本在我国东北所使用的日本金属币。

日本大正五年（1916）五厘辅币

日本明治二十年（1887）半钱辅币

日本昭和九年（1934）一钱辅币

日本昭和十年（1935）一钱辅币

日本昭和十三年（1938）一钱辅币　　　　　　日本昭和十三年（1938）二钱辅币

日本发动侵华战争占领东三省

——关东军与"九一八"

"我的家在东北松花江上，那里有森林煤矿，还有那满山遍野的大豆高粱。我的家在东北松花江上，那里有我的同胞，还有那衰老的爹娘。九一八，九一八！从那个悲惨的时候……脱离了我的家乡，抛弃那无尽的宝藏，流浪！流浪！……哪年哪月，才能够回到我那可爱的故乡？哪年哪月，才能够收回我那无尽的宝藏？爹娘啊，爹娘啊！什么时候才能欢聚在一堂？"

这是"九一八事变"后在中国到处传唱的一首催人泪下的歌曲，它唱出了东北人民收复故土、驱走日寇的迫切心情，也包含着对"不抵抗将军"的不满和谴责。

1931 年 9 月 18 日夜晚，日本关东军岛本大队川岛中队的河本末守中尉带着数名部下前往沈阳柳条湖边的北大营附近执行一项特殊任务。河本选择了离北大营约 800 米处的柳条湖附近的一段铁轨，亲自装上小型炸弹并点火。当铁轨被炸后，即报告其上级，说中国军队炸了他们的南满铁路，还袭击了日本守备队。日军就以此为借口迅速调集守备队，在坦克的掩护下，从西、南、北三面包围了北大营。驻守北大营的第七旅官兵被迫还击，与日军展开巷战，我方官兵在伤亡 300 余人后才突出重围。到 19 日晨，北大营被日军占领。接着，日军又兵分三路进攻沈阳，一夜之间"太阳旗"就插上城头，沈阳沦陷。日军在城内四处残杀市民、掠夺财物，奉系军阀在城内储备的弹药和经营多年的军工企业所生产的军用物资一样不差地落入日军之手，成为其日后发动全面侵华战争的"军火库"。

这就是"九一八事变"的真相。事变是由日本关东军一手策划的，日军却反诬是中国军队所为。这种贼喊捉贼的伎俩既制造了侵华的借口，又可误导世界舆论、蒙蔽日本国内民众，也是日寇的惯用手段。

1904 年，日本入侵中国东北，挑起了日俄战争。日本获胜后，为了实现其长久占领东北三省的战略野心，除将东北三省命名为"关东州"外，还组建了由天皇直接领导的"关东军司令部"，关东军由此直接受天皇指挥。日本关东军敢于制造"九一八事变"，应该是受日本最高层的决策所驱使，否则其上下配合不可能这么协调一致。日军如事前无准备，不可能借此急速增兵东北，一天之内就占领了沈阳。

盘踞在东北的关东军在偷袭珍珠港前总兵力已达到 31 个师团，人数接近百万。"二战"期间，关东军是分裂中国东北和全面侵华的急先锋，日寇在中国所犯下的罪行几乎都与关东军有关。他们是一群十恶不赦的杀人魔王，他们在中国所犯下的罪行不可饶恕。"二战"结束后，一些臭名昭著、恶贯满盈的关东军将领，如东条英机、板垣征四郎等都没有逃脱正义的惩罚。

下图为日本在我国东北设置"关东州"后发行的日本银行兑换券。

日本银行兑换券壹圆

日本银行兑换券五圆

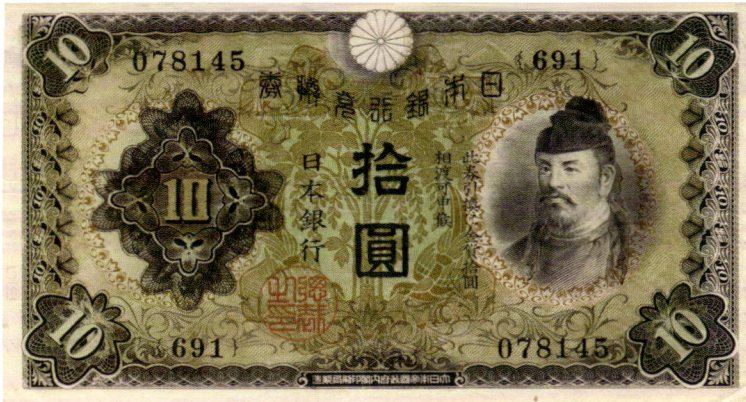

日本银行兑换券拾圆

下图为日本打败沙俄后在中国东北使用的日本银币。

日本一朱银币（1868年）

日本一分银币（1868年）

日本明治二十一年（1888）一圆银元

日本明治三十四年（1901）一圆银元

傀儡登台和皇帝的新衣

——日本扶植清逊帝在东北建立伪满洲国

日本关东军在策划东北"九一八事变"前，就已秘密制订了《满洲统治方案》，计划在侵占中国东北后，变东北为日本领土，使东北成为第二个朝鲜。为实施这一计划、将企图变成现实，日本特务土肥原贤二于1925年2月23日在天津将清朝末代皇帝爱新觉罗·溥仪安排住进天津日本租界，将其控制起来。1931年7月12日晚，土肥原将溥仪乔装打扮成日本军人，与其一同经白河离开天津，然后在渤海换乘日本客轮"淡路丸"号经营口到达旅顺。随后，关东军以保护为名，将溥仪软禁了起来。

1932年2月25日，关东军以"东北行政委员会"的名义发表关于在东北建立"新国家"的组织大纲：定国名为"满洲国"，定元首称号为"执政"，以红蓝白黑满地黄的新五色旗为"国旗"，年号为"大同"，以长春为"首都"，并将长春更名为"新京"。3月1日，关东军又以"满洲国政府"的名义，发表了所谓的《建国宣言》，宣布"满洲国"成立。

1932年3月8日，溥仪在关东军和汉奸们的簇拥下由旅顺抵达长春；3月9日，在长春举行"就职典礼"，伪满洲国正式成立。

1934年3月，日本改"满洲国"为"满洲帝国"，元首由"执政"改为"皇帝"。溥仪又开始了其复辟之路。

"满洲帝国"实际上是日本人手中的玩偶。1932年3月10日，根据板垣征四郎的事先安排，溥仪和日本签订了一份密约。密约的主要内容有："满洲国"的国防及治安由日军负责，费用由"满洲国"负担；"满洲国"的铁路、水路、航空等由日本管理，铁路修筑权交给日本；"满洲国"将竭力援助日军；"满洲国"的各级官吏由日本人担任，人选由关东军司令保荐，解职须得到关东军司令的同意。

一纸密约使"满洲帝国"的傀儡政权性质暴露无遗。这不是"皇帝的新衣"是什么？

日本关东军扶植溥仪当上傀儡皇帝后，日本关东厅
于1940年专门制作此"建国纪念章"以示纪念

"满洲帝国"以五色旗作为其国家标志。下图为印有五色旗图案的"满洲中央银行券"。

印有五色旗图案的"满洲中央银行券"壹圆

印有五色旗图案的"满洲中央银行券"五圆

印有五色旗图案的"满洲中央银行券"拾圆

印有五色旗图案的"满洲中央银行券"壹百圆

满洲中央银行

——"大日元帝国梦"的帮凶和工具

　　由日本关东军一手操纵扶植的伪满洲国成立后，日军即强行吞并了东北地区的四大银行——"东三省官银号"、"吉林永衡官银钱号"、"黑龙江省官银号"（广信公司）以及"边业银行"，并公布了《满洲中央银行法》、《货币法》和《旧货币清理法》等一系列"法规"，宣布组建"满洲中央银行"，并在东北三省强制发行、兑换、使用"满洲中央银行券"。

　　"满洲中央银行"总行设于伪满洲国"首都"新京（今长春）市内大街，原吉林永衡官银钱号长春分号旧址。总裁一职由时任伪满洲国财政部总长的熙洽的亲信、原吉林省财政厅厅长荣厚担任，副总裁一职由日本人山成乔六担任。

　　"满洲中央银行"由日本关东军直接领导、指挥和控制，金融决策服从于日本大藏省（财政部），主要任务是在为日本提供"开发满洲"的资金的同时，为日军侵华提供军费保障。其所发行的"满洲中央银行券"是日元的附属物。日本军国主义企图在全面占领中国后，在东亚地区建立一个以日元为主导的大日元帝国集团。"满洲中央银行"是直接为日本军国主义的"大东亚共荣圈"服务的，是日本"大日元帝国梦"的帮凶和工具。

　　为建立伪满洲中央银行，日军强制吞并了东北地区的"四大银行"，并没收其所有财产。原"四大银行"所发行的货币如下图所示：

东三省官银号原货币

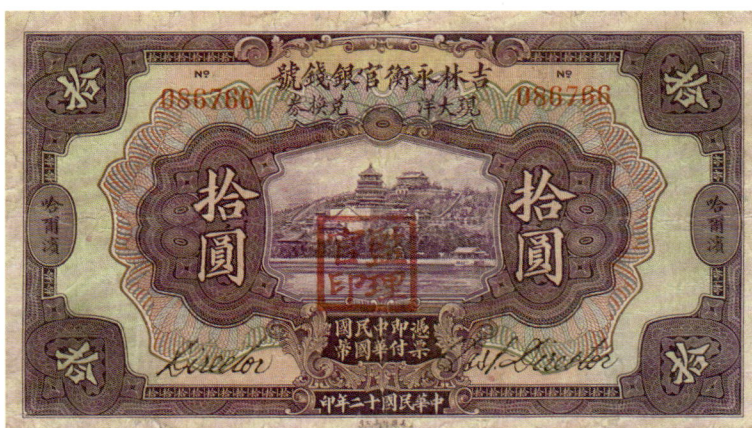

吉林永衡官银钱号原货币

黑龙江广信公司原货币

边业银行原货币

"满洲中央银行"发行的货币如下图所示：

"满洲中央银行券"五角

"满洲中央银行券"壹圆

"满洲中央银行券" 五圆

"满洲中央银行券" 拾圆

"满洲中央银行券"百圆（1）

"满洲中央银行券"百圆（2）

伪满洲国政府发行的金属币如下图所示：

"大满洲国"大同二年（1933）铜币五厘

"大满洲国"大同二年（1933）铜币壹分

"大满洲国"大同二年（1933）镍币五分

"大满洲国"大同二年（1933）镍币壹角

"大满洲国"康德元年（1934）铜币五厘

"大满洲国"大同三年（1934）铜币五厘

"大满洲国"康德元年（1934）铜币壹分

"大满洲国"大同三年（1934）镍币五分

伪满洲国为日本 "圣战" 服务
——"必胜储蓄票" 的由来

1931 年，日军侵占我国东北三省后，即扶植清逊帝溥仪在东北建立"满洲国"（后改为"满洲帝国"）。由日本人一手操纵和控制的"满洲帝国"，是日本培植的傀儡政权，只听命于日本侵略者。为配合日寇的所谓"圣战"，他们利用在东北三省的控制权，紧密配合日本对中国的侵略部署，采取"以战养战"策略，协助日寇利用各种野蛮手段，疯狂地在我国进行经济和资源的掠夺。从 1939 年起，伪满洲国就在东三省强行开展所谓的"国民储蓄运动"，强迫老百姓参加"储蓄"，且储蓄目标额急剧增加：1939 年为 5 亿元；1944 年达 30 亿元；1945 年猛增到 60 亿元，占当时国民总收入预算的 46.2%。6 年间"储蓄额"增长了 11 倍。

为了达到掠夺目的，伪满洲国在日本人的授意下以发行"必胜储蓄票"为手段，开展所谓的"国民储蓄运动"。一方面以所谓的"必胜"为自己壮胆、打气，另一方面向老百姓大肆敛财。1941 年太平洋战争爆发后，战争的升级、战线的延长，以及盟军对日本军事战略物资禁运力度的加大，都给日本的经济和军事造成严重威胁。同时，由于日本兵力分散、补给困难，军事上已出现严重危机，且日本国内的经济受战争的拖累也已面临崩溃。显然，日本已无力支付庞大的军费开支。于是，日本人再一次将危机转嫁到伪满洲国统治下的普通百姓头上。为配合日本所谓的"圣战"筹款，伪满洲国政府于 1941 年 4 月 1 日公布了在"全国"发行"必胜储蓄票"的决定，发行了一套"必胜储蓄票"。该票长为 10 厘米，宽为 4.5 厘米，票面面额分为五角、一元、三元、五元、十元五种，用日文和中文两种文字印成，由"满洲帝国印刷厂"印刷。

该"必胜储蓄票"两年内不得承兑，凡购买糖果、香烟，看影剧，到饭店吃饭等都必须按消费额一半以上购买此券。为了推行"必胜储蓄票"，伪满洲国政府采用的手段和措施也在不断升级。初期只在伪满洲中央银行和伪协和会中央本部的控制下，组织中央、省、市、县储蓄联合委员会，开展"国民储蓄运动"。到 1942 年，为进一步加强对储蓄的控制，该"国民储蓄运动"改由伪协和会直接领导，伪满洲中央银行予以协助，在主要城市以伪满洲中央银行为中心，由伪满洲兴业银行、伪兴农金库、伪商工金融合作社等机构承担摊派购买"必胜储蓄票"的任务，并在各金融机构内组织"储蓄献身队"，强行以"献身精神"胁迫老百姓购买"必胜储蓄票"。

太平洋战争后期，日本眼看大势已去，却仍不忘在中国继续掠夺民财。日本侵略者授意伪满洲国政府发行"必胜储蓄票"，企图以此转嫁庞大的军费开支，挽救其行将失败的局势。但随着日本战败末日的到来，伪满洲国政府、伪满洲中央银行在东三省发行的各种伪币、债券和军用票无一例外地变成一堆废纸。有多少中国老百姓欲哭无泪，中华民族的真金白银就这样被迫流入了大和民族的腰包。

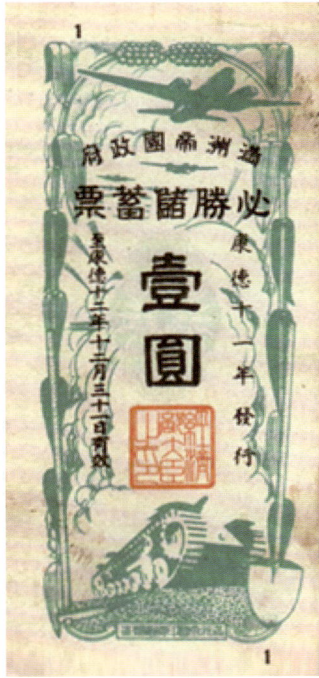

伪满洲国政府发行的"必胜储蓄票"壹圆

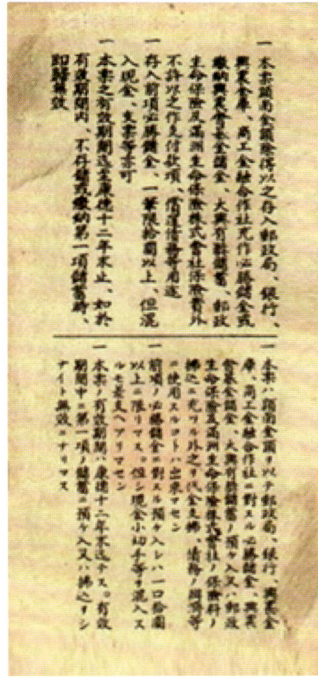

伪满洲国政府发行的"必胜储蓄票"叁圆

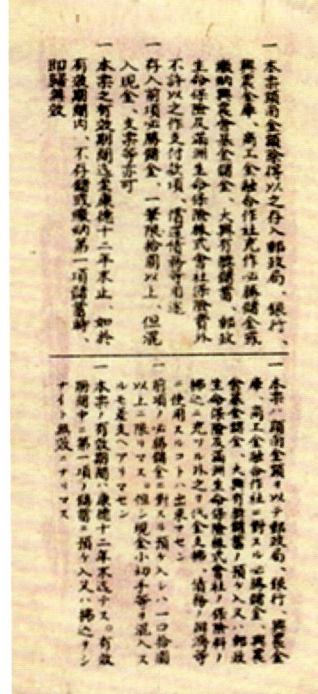

【第二编】

卢沟桥的枪声，日本发动全面侵华战争

日本制造"支那事变"，发动全面侵华战争

——"七七事变"卢沟桥的枪声

日本作为一个弹丸岛国，本身就有很强的危机感。日本人内心深处那种扩展疆土或者尽可能获得本土以外资源的意欲十分强烈。明治维新以后，日本的国力有所提升，那时统治中国的清政府却政治腐败、国运不昌，一直在走下坡路，正好给日本侵略者提供了入侵的机会。1894 年，日本为争夺朝鲜半岛的控制权发动了中日甲午战争。中国战败后，被迫与日本签订了《马关条约》，除割让台湾及其附属岛屿、澎湖列岛和辽东半岛给日本外，还赔偿白银两亿两。日本帝国主义尝到了甲午战争的甜头后，一直在寻找机会进一步扩大对中国的侵略。为了建立扩大侵略中国的战略据点，1931 年 9 月 18 日，日本帝国主义在我国沈阳挑起事端，利用其武器上的优势侵占了东北三省大片土地，同时扶植清逊帝溥仪登基，成立伪满洲国傀儡政权。此后，其又不断采取蚕食政策，在我国先后成立"华北临时政府"、"冀东防共自治政府"、"蒙疆联合自治政府"等伪政权。为了发动全面侵华战争，日本帝国主义不惜倾其全国之力、动员其全国百姓为战争的巨大支出勒紧裤腰带。

1937 年 7 月 7 日，日军在我国宛平制造借口发动了对中国的全面入侵。日本帝国主义为了转移其发动侵华战争所要和将要付出的巨额战争费用，竟然颠倒黑白，把侵略中国的不义战争说成是"支那事变"，把掠夺别国资源的战争美化成"大东亚战争"，并以此欺骗日本民众。为了将战争带来的巨额支出强加在日本人民身上，日本军国主义者利用其所控制的银行机器肆意在其国内大量发行"战时债券"、"支那事变储蓄债券"、"大东亚战争割引国库债券"、"报国债券"等，以各种名目将巨额的战争支出转嫁给本已十分贫困的日本人民。许多后来或战死或被俘的日本士兵，身上还藏着这些血渍斑斑的债券……

下图为日本帝国主义为制造"支那事变"所发行的"大东亚战争"债券。

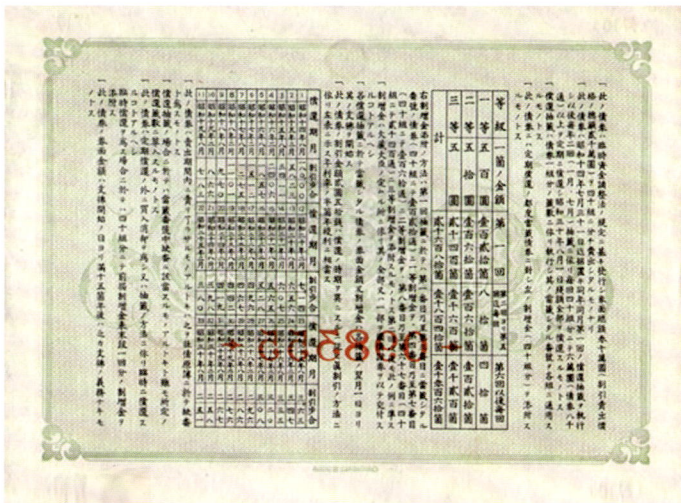

"大东亚战争割引国库债券" 叁拾圆

"大东亚战争割引国库债券" 拾圆

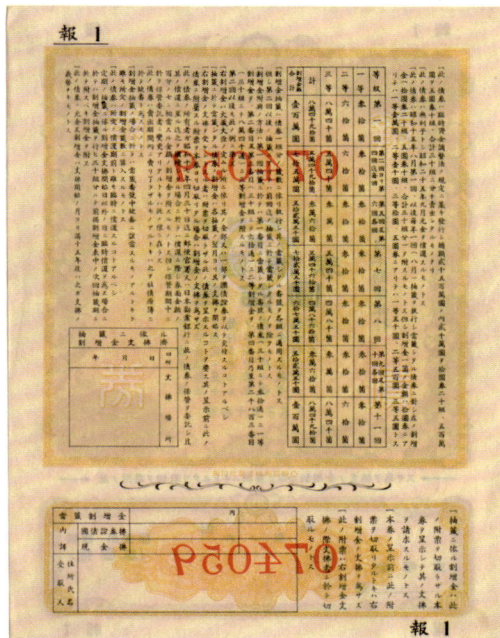

"报国债券"金拾圆

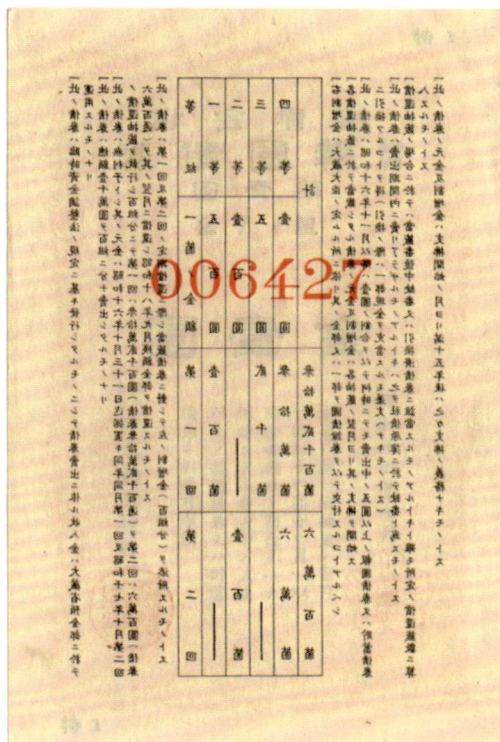

"特别报国债券"金壹圆

日本侵略者入侵中国后，又设法将庞大的军费开支转嫁给中国人民，在其占领区发行由其印制的无任何发行保证的"军用手票"。1937年日本发动侵华战争初期，在日沦陷区使用的是"日本银行券"；后其为了将侵华战争的庞大军费转嫁给中国人民，实施"以华制华"和"以战养战"的方针，遂决定以日本政府的名义发行"军用手票"，强迫占领区老百姓将现金和财产兑换成这些无任何保证的"军用手票"并使用。

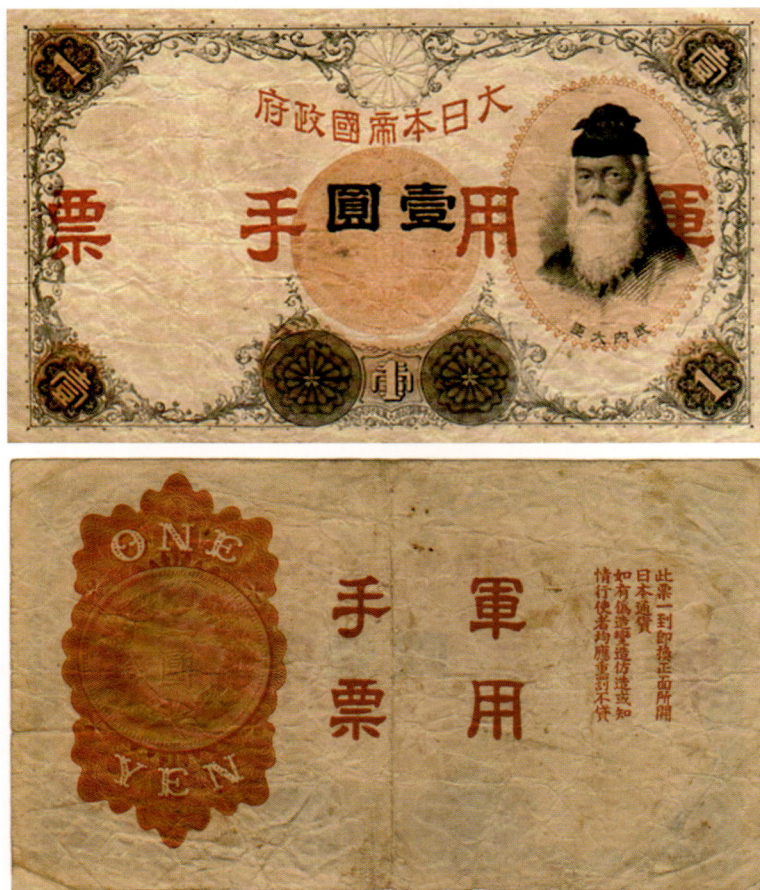

日本帝国政府军用手票壹圆

日本帝国政府军用手票五圆（1）

日本帝国政府军用手票五圆（2）

日本帝国政府军用手票百圆

中共倡导统一战线， 国民政府肩负重任

——日军"三月灭亡中国"神话破灭

"九一八事变"后，国民政府中的有识之士就提出了加强军事建设、积极备战的抗日战略，中共也提出了建立抗日民族统一战线的主张，希望国共合作，共同抗日。

但蒋介石却认为："攘外必先安内，统一方能御敌，未有国不统一而能取胜于外者。"因而仍执意先行"剿共"。

"卢沟桥事变"的枪声打响后，日军以宛平城为突破口，很快就占领了北平、天津、河北等地，并由此向南长驱直入，叫嚣要在三个月内灭亡中国。这时的蒋介石和国民政府才感到事态的严重和肩上的责任重大。在"西安事变"及全国人民强烈要求抗日的呼声下，蒋介石权衡情势，决定以民族大义为重，走团结抗日的路线，并酝酿国共第二次合作，同时在战略上作了重要调整，取消内战计划，积极准备、部署全面抗战。

保护大上海的"淞沪会战"历时三个月。国民党投入参战部队达70余万人，是抗日战争以来规模最大，牺牲、伤亡最重、最惨烈的战斗。虽然上海最终沦陷，落入日军之手，但日军也伤亡9万余人，付出了惨重的代价。这场战役使日本侵略者"三个月内灭亡中国"的叫嚣变成泡影。

在1937年7月到1938年10月这一年零四个月的时间里，日寇动用了近30个师团、100余万的兵力，企图速战速决、占领全国。但在蒋介石的指挥下，侵华日军在正面战场遭到了国民党军队的顽强反击。除了"淞沪会战"外，国民党军队还在太原、徐州、武汉等地与日军会战，并取得了台儿庄战役的重大胜利，重创了日军的战斗意志，消耗了日军的大量兵力。

这一时期，中国共产党所领导的新四军、八路军开赴敌后，建立敌后抗日根据地，发动群众开展敌后游击战争，迫使敌人抽调大量兵力巩固后方，有力地支援了在正面战场对日作战的国民党军队。

从1931年"九一八事变"到1941年"珍珠港事件"前，美国对日本的侵华行径基本上是"坐山观虎斗"，采取"不承认主义"和"不干涉政策"。中国全面抗战爆发后，美国为了自身利益，仍然坚持并不断扩大对日贸易，日本的大量战略物资都是由美国供应的。1941年12月8日，日本偷袭珍珠港。美国在其海空力量受到沉重打击后，才认清日本侵略者的非美、反美意图，抛弃让日本亲美、靠美的幻想并决定向日本宣战。美国与中、英、苏组成抗日同盟，任命蒋介石为中国战区总司令，负责指挥中国战区的对日作战，并向中国提供贷款和军用物资，派史迪威担任参谋长，协助蒋介石统筹中国战区的对日作战。

1943年，美、英等国先后与中国签订新约，宣布废除不平等条约，这对中国抗战起到了极大的鼓舞作用。抗战后期，美国与国民政府在处理国共关系、援华物资分配以及战区

指挥权分配等问题上产生严重分歧，以致发生蒋介石要求美国召回史迪威参谋长的"史迪威事件"，后美国改派赫尔利作为驻华大使进行协调，才使事件得以平息。

在抗日战争中，国共两党结成抗日民族统一战线，领导全国人民粉碎了日本帝国主义灭亡中国的企图，改变了中国的命运，这成为中华民族复兴的重要标志。

日本发动侵华战争，给中国社会带来巨大的灾难，人民的生命、财产损失难以计数，日军在中国实行残酷的烧光、杀光、抢光"三光政策"，甚至公然违反国际公法进行细菌战，制造了一幕幕人间惨剧，如南京大屠杀、重庆大轰炸、细菌活体实验等，肆意残害中国人民。据统计，日本侵华期间，中国伤亡人数超过 3 500 万，直接、间接财产损失超过 5 000 亿美元。

日本全面侵华期间制造的"支那事变"纪念章

1937 年 7 月 7 日，日本侵略者以"支那事变"为借口发动全面侵华战争。日军以宛平城为突破口，叫嚣在三个月内灭亡中国。日军还为此制作了"支那事变"纪念章：日本战机越过中国长城上空，日军由北向南长驱直入，将自己的罪行自行暴露在光天化日之下。

该纪念章为铅银合金，由"日本国家造币局泉友会"铸造，是日本侵略中国的罪证之一。

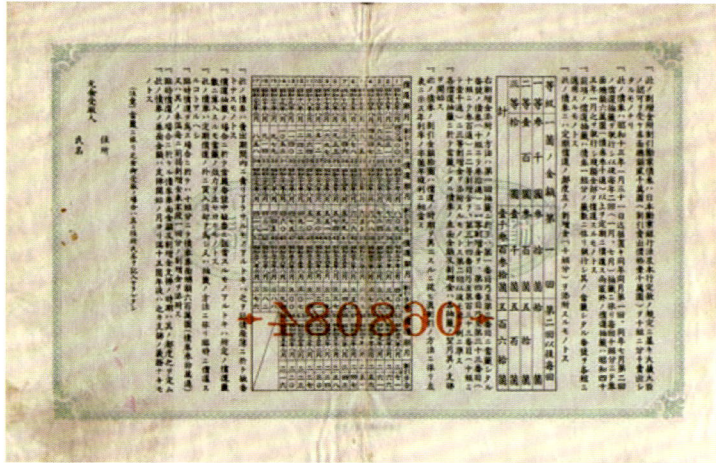

日本在其国内发行的"支那事变"储蓄债券

国共二次合作，红军开辟抗日敌后战场

——八路军、新四军的由来

　　1937年8月22日至25日，中共中央在陕北洛川召开政治局扩大会议，毛泽东在会上作了军事问题和国共关系问题的报告，提出了中共在抗战时期的任务是：保存和扩大部队，创造根据地，在战略上配合国民党军作战，钳制和消灭敌人。同时主张："在统一战线中要坚持独立自主原则。"会议还通过了《关于目前形势与党的任务的决定》。

　　"西安事变"后，国共实行第二次合作。根据国共两党协商的结果，为了团结一致抗日，1937年8月，国民政府军事委员会正式宣布将中国工农红军一、二、四方面军改编为"国民革命军第八路军"（简称"八路军"），朱德任总指挥，彭德怀任副总指挥，下辖第115师、120师、129师。全军编制4.5万人。

　　同年10月，国民政府又将分散在湘、赣、闽、粤、浙、鄂、豫、皖八省区由中共领导的红军游击队和红军第二十八军改编为"国民革命军陆军新编第四军"（简称"新四军"），叶挺任军长，项英任副军长，下辖四个支队，全军编制1.03万人。八路军和新四军的军费、军饷由国民政府负责核发。

　　八路军、新四军按国军统一部署开赴前线后，根据洛川会议精神，即担负起开辟抗日敌后战场，发动群众建立敌后抗日根据地，配合国军正面战场作战，承担钳制和消灭敌人的重任。

　　在八年抗战中，中国共产党所领导的八路军、新四军以铁肩担道义的精神，始终以民族利益为重，顾全大局，全力以赴，采取灵活的游击战术，不断创造和开辟敌后根据地，相继开辟了陕甘宁、晋察冀、晋冀豫、冀鲁豫、晋绥、冀热辽、山东、苏北、苏中、苏浙皖、浙东、淮海、淮北、皖中、河南、鄂豫皖、东江、海南等十八个敌后抗日根据地，组成了战略上与国军正面战场相互配合的华北、华中、华南三大抗日敌后战场，有力地分散、钳制了敌人的力量，并在配合正面战场作战的同时不断创造机会消灭敌人的有生力量。八路军、新四军的敌后游击战给日军构成了巨大的威胁。

　　由中国共产党开辟并领导的敌后抗日根据地在战争中不断形成和壮大，但大部分受自然条件限制，被日军分割成相对独立的区块，只能各自为政、独立战斗。在抗战进入到战略相持阶段，特别是山东沦陷后，中国主战场的空中及陆路交通已绝大部分为日军所控制，利用空投或陆路运送物资、军费的途径已基本断绝。为解决军队给养问题和维持当地百姓的经济生活，大部分敌后抗日根据地都根据需要建立了自己的"银行"或金融机构，发行可在当地或某一区域共同使用的货币、债券。这些货币、债券的发行使敌后抗日根据地内百姓的日常生活和经济活动得到了保障，同时也使敌后抗日根据地的经济得到一定程度的恢复和发展，从而巩固和发展了敌后抗日根据地，使日本侵略者在中国深陷于人民战争的汪洋大海之中。

下图为抗战时期，敌后抗日根据地的银行等金融机构发行的部分货币。

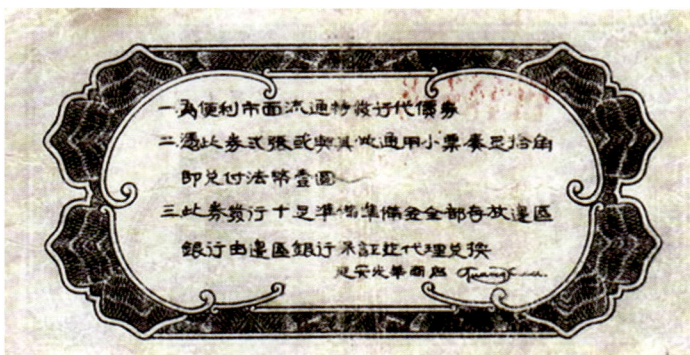

延安光华商店代价券

陕甘宁边区银行发行的货币

上党银号发行的货币

北海银行发行的货币

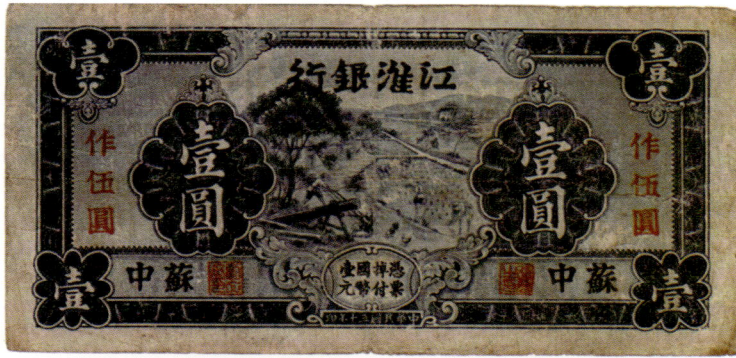

江淮银行发行的货币

浙东银行发行的货币

45

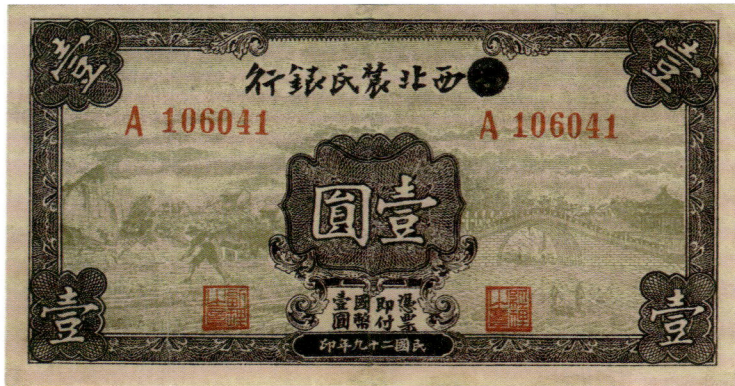

西北农民银行发行的货币

晋察冀边区银行发行的货币

国共合作的产物
——阳新农民银行券

  孙中山在中国共产党的帮助下，曾经实行"联俄、联共、扶助农工"三大政策。全国各地出现了国共合作共同反对帝国主义、反对军阀官僚的革命热潮。在国共合作的推动下，蒋介石所领导的北伐战争取得节节胜利。土地运动风起云涌，蓬勃发展，许多地方的乡村纷纷建立了农民协会，开展了声势浩大的反对地主豪绅的农民革命斗争。

  农民协会的建立使几千年来广大农村地主老财独霸一方的秩序受到冲击，并被打破。为了方便农民借贷，活跃农村经济，农民协会提出了新的经济政策，并在许多地区建立起了由农民协会领导的金融组织（或称银行），发行了自己设计、印制的货币。

  湖北省阳新县，是湘鄂赣地区早期的革命根据地中心。1921年，中国共产党就在阳新县建立了第一个党小组。1925年12月，中共阳新县龙港镇党支部和中共阳新县委相继成立，因势利导地组织了农民协会，并领导了多次农民暴动。在当时，湖北省阳新县龙港镇有"小莫斯科"之称。

  "湖北省阳新县第六区农民银行"成立于1924年至1925年间，发行了以"串"为单位（一串为1 000文）、单面印刷的钞票；计有乙丑年（1925）的一串文和丁卯年（1927）的五串文、十串文三种。这些钞票的印刷极其简单，其特别之处是票面上均加盖了"中国国民党阳新县第六区党部"的印鉴。这种由农民协会领导发行的"银行钞票"是孙中山"联俄、联共、扶助农工"政策和国共合作的产物，在中国近代史钞中确实难得一见。它从另一侧面印证了国共合作时期，孙中山"联俄、联共、扶助农工"这一政策在农村基层地区的实践过程，为研究我国早期农民运动及金融活动提供了极其珍贵的史料。

  1925年孙中山去世后，蒋介石反共、仇共的反革命面目逐渐暴露。为了建立蒋家王朝的独裁统治，1927年4月12日，蒋介石公然背叛孙中山的三大政策，在全国掀起了反共、剿共的反革命大屠杀。全国城乡由此陷入一片白色恐怖中，农民革命也一度陷入低潮。

  1927年武汉八七会议后，阳新县的农民革命运动在共产党的领导下，不但没有被蒋介石的白色恐怖所吓倒，反而开展得如火如荼。农民协会的会员人数如雨后春笋般迅速增加，全县60万人口中农民协会会员就有29万余人。在农民协会的带领下，阳新人民进行了十年的土地革命，成立了各种金融机构，发行了各种革命根据地货币，还多次举行大规模农民暴动，使阳新县成为远近闻名的革命根据地中心之一。同是在这片红色的土地上，在后来的抗日战争和解放战争中，先后有20万阳新的英雄儿女为了民族独立和新中国诞生献出了宝贵的生命。在当地有首歌谣一直流传至今："小小阳新，万众一心；要粮有粮，要兵有兵。"这形象地体现了阳新人民在中华民族伟大复兴征程中的献身精神。

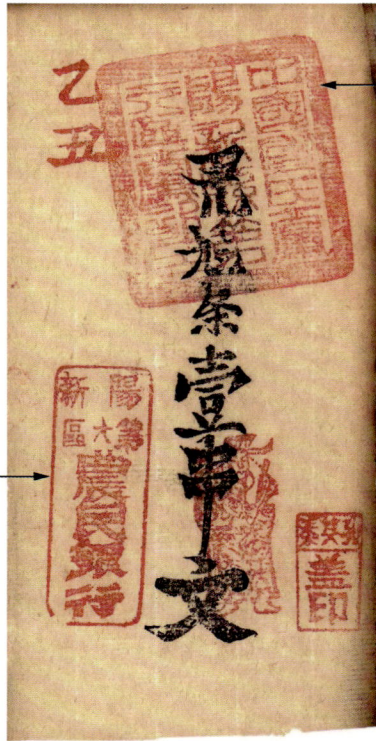

加盖"中国国民党阳新县第六区党部"印鉴

阳新县第六区农民银行印鉴

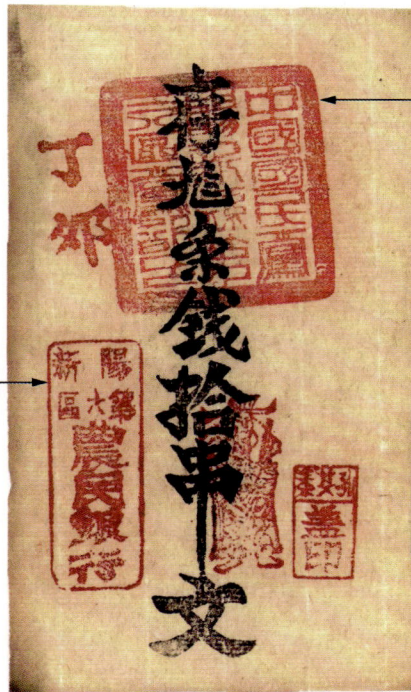

加盖"中国国民党阳新县第六区党部"印鉴

阳新县第六区农民银行印鉴

阳新县农民银行券加盖国民党党部公章，是国共合作期间在基层的产物

林森入蜀

——林森实施迁都重庆计划

林森（1868—1943），原名林天波，福建闽侯人，1905年加入中国同盟会，1914年在东京加入"中华革命党"，历任国民政府临时参议院院长、国民政府立法院院长、国民政府主席、国民党中央政治委员会代理主席。

1937年11月中旬，侵华日军的铁蹄已逼近南京。为制订长期抗战计划，时任国民政府主席的林森根据国民政府国防最高会议的决定，着手部署由南京迁都重庆之事。11月16日，林森指令属下政府官员清点好中华民国印信、旗幡等重要器物，漏夜登船沿长江直奔重庆而去。

林森离开南京时已是年过七十的老人，临行前在与蒋介石告别时说："我可能不能再回南京了！你们一定会抗战到底，取得最后胜利！"同时对自己的财物作了处理并立遗嘱如下：

"人生七十古来稀，森今七十有二矣。身后之嘱托，不能不预为之计。吾国自然科学人才之消乏，今昔同感；陶冶补充，刻不容缓。兹谨遵总理迎头赶上之遗训，将所存国家银行国币五十万元，拨为基金，以其每年利息，专作考选留学欧美研习自然科学学生固定经费，并手自订办法二十四条，嘱由能表同情于斯举者，恪守此方针而办理之。百年树人，是实始基，尚其共循此旨，矢守弗渝，用垂久远，而利国家，有厚望焉。"

由以上可见林森对抗日的决心和拳拳的爱国之心。

蒋介石与林森一向面和心不和，蒋介石在背后利用其所掌控的"中统""军统"的力量钳制林森的活动。"西安事变"后，蒋介石被张学良软禁在西安，林森即行担任了国民党中央政治委员会代理主席一职。其时，国民党内部有人唯恐天下不乱，提出轰炸西安、讨伐张学良等主张。

林森如果有野心，即可借此机会将蒋介石除掉。但林森对西安事变力主和平解决，明确表示讨伐令不可下，认为张学良的部队是爱国的。林森的这种态度，对促成西安事变和平解决起到了积极的作用。

1943年8月1日，林森因车祸在重庆逝世，终年75岁。林森去世后，国民政府唯一一次将中央银行1941年版20元面额法币券，以蓝章和蓝编码发行，以示对林森的悼念。

中央银行法币券唯一一次采用蓝色图章、编码

1948 年，蒋介石在"剿匪战争"一再失利和法币全面崩溃之际，又于 8 月份变出新花样，发行以金本位为单位的"金圆券"，还规定民间不得使用黄金、白银、银元、外币等进行交易。"金圆券"上印有林森肖像，而发行"金圆券"时，林森已去世近 5 年，中央银行何以在印制金圆券时又将林森搬了出来呢？这是因为，法币大幅贬值后，国民政府和蒋介石的信用已跌至谷底，为了骗取国民的信任，蒋介石遂利用林森在民间的良好形象，企图换回民间对"央行"的信任，故有首次将林森的肖像印在"央行"钞票上之举。

可是，林森同样改变不了国民党最终失败的命运，金圆券发行后，其贬值速度之快比起法币有过之而无不及。然而，蒋家王朝利用金圆券掠夺金银珠宝然后逃迁台湾的目的已达到。替蒋介石背了黑锅的林森，如九泉之下有知，定然拍案而起，悔恨当初营救老蒋。

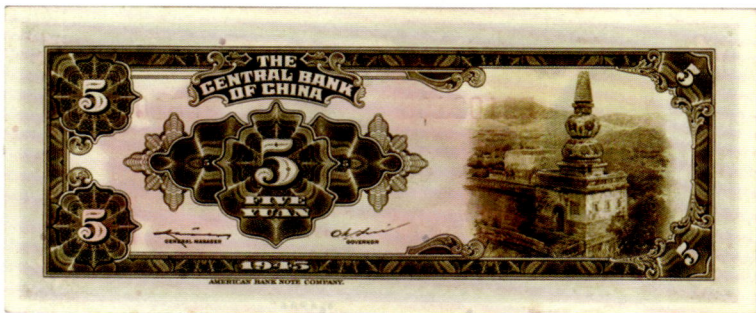

印有林森肖像的中央银行金圆券伍圆

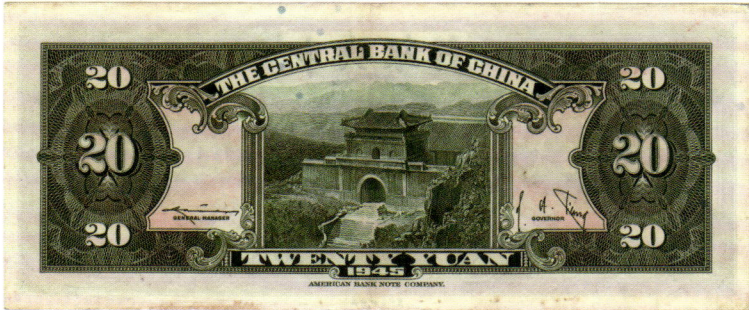

印有林森肖像的中央银行金圆券贰拾圆

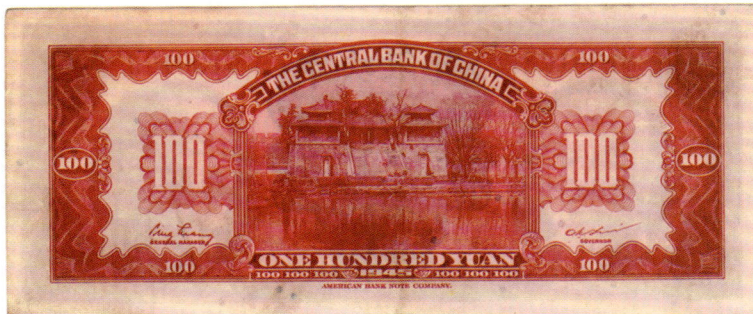

印有林森和蒋介石肖像的中央银行金圆券壹百圆

战时首都重庆

——为抗战实行金融管制和提倡节俭新生活

  1937 年抗日战争爆发后，国民政府、党政军中央机关以及响应国民政府号召的各大金融机构、社会团体、军工企业等先后迁移至重庆。中国共产党方面，由周恩来率领的中共中央代表团也在重庆相继成立了"中共中央南方局"和"八路军重庆办事处"（包括新四军），各民主党派中央机关也纷纷前往重庆聚集。重庆成了抗战时期不折不扣的战略指挥中心以及大后方政治中心。大量人员、机构从全国各地进入重庆，给重庆的社会经济带来了巨大的压力。同时，战时物资的短缺，军费开支的与日俱增，都导致了物价的不断上涨和货币的不断贬值，这些直接影响了战时首都重庆的老百姓的日常生活。为维持政局的稳定，除继续实行战时新生活政策、厉行节约外，国民政府还积极推行紧缩通胀的经济政策，于 1939 年 9 月 12 日颁布了《节约建国储蓄券条例》，依照条例规定，由"中央信托局""中国银行""交通银行""中国农民银行"四大银行联合发行"节约建国储蓄券"。此节约建国储蓄券的发行，一方面在于督促国人在战时养成节约习惯，促进钞券回笼以稳定物价；另一方面，也是国民政府为进一步吸纳社会游资用于支持抗战及发展生产的措施之一。

  节约建国储蓄券分甲、乙两种：甲种券为记名式，凭签名盖章或画押兑付，不得转让赠予；乙种券为不记名式，持券人可自由转让赠予，期满按面额兑付。另外，"中国农民银行"还单独发行了一种以美金为单位的节约建国储蓄券。

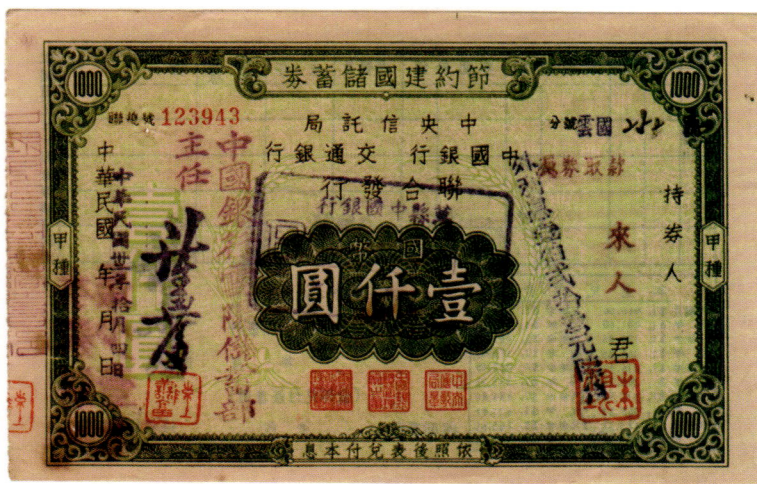

四大银行联合发行的节约建国储蓄券壹仟圆（甲种）

四大银行联合发行的节约建国储蓄券拾圆（乙种）

中国农民银行发行的美金节约建国储蓄券拾圆

　　此外，国民政府为了稳定战时首都重庆的金融秩序，防止日本特务、汉奸破坏战时首都的金融环境，还规定四大银行在重庆发行的纸钞均须印上"重庆"地名，实行货币管制政策。

印有"重庆"地名的中央银行券

印有"重庆"地名的中国银行券

印有"重庆"地名的交通银行券

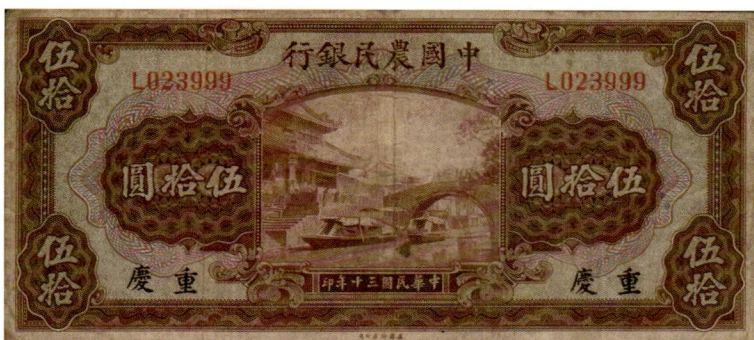

印有"重庆"地名的中国农民银行券

南京沦陷和南京大屠杀

——日寇在南京屠城，杀我同胞 30 余万

1937 年 12 月 13 日，中华民国国民政府首都南京沦陷。

从日军占领南京城这天开始，在"日本华中方面军"司令官松井石根和"日本第 6 师团"师团长谷寿夫等人的指挥下，日寇对手无寸铁的南京居民和放下武器的中国军人进行了长达 6 周的惨绝人寰的大屠杀，烧杀淫掠无所不为，致使我南京 30 余万人成了日本侵略者刀下的冤魂。

日军指挥部在给入城日军的军令中要求"不允许一个敌人在南京城内残存"，"也许残兵脱掉军服换上了便衣隐藏在市内，必须彻底搜查扫荡干净"。

12 月 13 日上午，日军谷寿夫第 6 师团由南京光华门、雨花门入城，随即便将马路上的难民当作枪杀目标，一阵枪响后，尸体纵横，血流成河。

14 日，日军涌入城内，继续搜杀街巷中的难民，并在中山码头、下关车站等处对聚集江边的难民进行疯狂射击，枪杀数万民众。15 日，中国平民及已解除武装的军人 9 000 余人被押往鱼雷营屠杀。16 日，日军又从中日双方都承认的"安全区"内搜捕数万青年，绑赴下关煤炭港枪杀，后将尸体推入江中。18 日，日军将城郊难民及战俘 5.7 万余人驱至下关草鞋峡，用机枪扫射，然后再在堆积如山的尸体上浇洒煤油纵火焚烧。此后，日军又在 12 月下旬开始的"清街运动"和"难民登记"中使上万人人头落地。

日军毫无人性地滥杀无辜，手段残酷，令人发指：有的往难民身上先浇汽油，后用机枪扫射，枪弹一着人身，大火随即烧起，被弹击火烧之难民，挣扎翻腾，痛苦至极，日军则鼓掌狂笑；有的则把难民杀死后割下人头，挑在枪上，漫步街头，嬉笑取乐……

日军除残酷屠杀无辜外，还肆意强奸、轮奸中国妇女。在日寇占领的一个月中，南京市内就发生了 2 万多起强奸事件，连八九岁的幼女和 70 多岁的老妪都不能幸免。许多妇女在惨遭蹂躏后又惨遭杀害。

南京大屠杀是日本侵略者在中国所犯下的滔天罪行之一，有许许多多的历史证据可以证明日军在南京城所犯下的反人类罪行。日本侵略者在屠杀南京人民的同时，还强逼中国百姓使用毫无保障、在日本印就的"军用手票"。侵华日军将"日本银行兑换券"和"日本银行"的字眼用红线盖去，改换成"大日本帝国政府军用手票"，以政府名义发行军票是一种极不负责任和无任何保障的行为，其险恶用心人人皆知。日本侵略者就是利用这种手段疯狂掠夺中国人民的资源和财富的。杀人犯还要被杀者支付其发动战争及杀人的费用，普天之下再没有比日本侵略者更无耻、更强盗的了。但时至今日，日本当局仍在企图抵赖这铁一般的事实，只能说明日本政府不肯反省战争罪行，无意以史为鉴，改过自新。这是中国以及世界各国爱好和平的人民所不能原谅和接受的。

日军残杀南京民众的罪证
（图片来源：人民网）

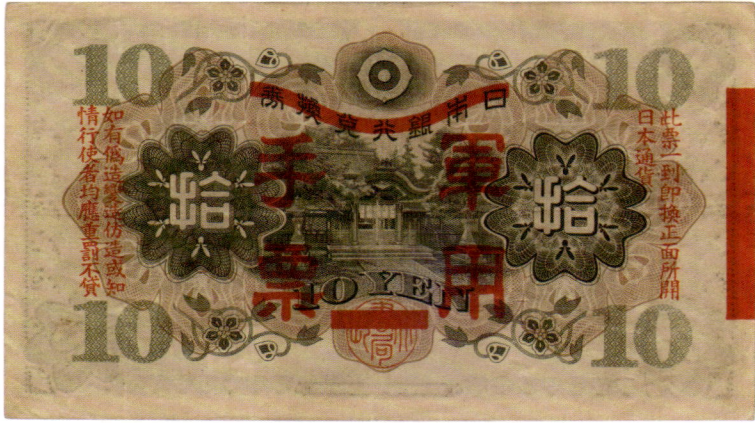

侵华日军占领南京后强逼当地百姓使用"大日本帝国政府军用手票"

日本发动全面侵华战争后，所到之处强逼中国人民使用其在日本印就的
"军用手票"，作为其转嫁战争费用、掠夺中国资源的手段

国民政府发行 "救国公债"

——为抗战，财政部发行 "救国公债" 五亿元

　　1937 年 7 月 7 日，日本侵略者经过精心策划，在我国宛平城自导自演、贼喊捉贼地制造了震惊中外的 "卢沟桥事变"，继而由北向南发动了全面侵华战争。泯灭人性的日本侵略者凭借其较为先进的武器装备和经济实力，以关东军为前锋，铁蹄所到之处，烧杀奸掠，无恶不作。当时，我中华民族已经到了生死存亡的危急时刻，国民政府在抗日民族统一战线的指导下，号召全国人民以实际行动奋起抗战，希望全国人民和海外侨胞有钱出钱、有力出力，为消灭日本鬼子筹集军费。1937 年 9 月 1 日，也就是日本侵略者发动全面侵华战争不到两个月时间，国民政府财政部就紧急向全国发行 "救国公债" 五亿元。财政部发行 "救国公债" 的举措得到了全国人民和海外侨胞的踊跃支持，"救国公债" 获得了超额的认购，极大地鼓舞了中华民族抗战到底的决心。

　　"救国公债" 的发行，记录了中华民族在国家危难之时，全国人民及海外侨胞万众一心、众志成城、同仇敌忾、共赴国难的民族大义和爱国主义情怀。"救国公债" 券由当时的财政部部长孔祥熙签发，面额有五元、十元、五十元、一百元、一千元五种。

"救国公债"伍圆面额

"救国公债"拾圆面额

"救国公债" 伍拾圆面额

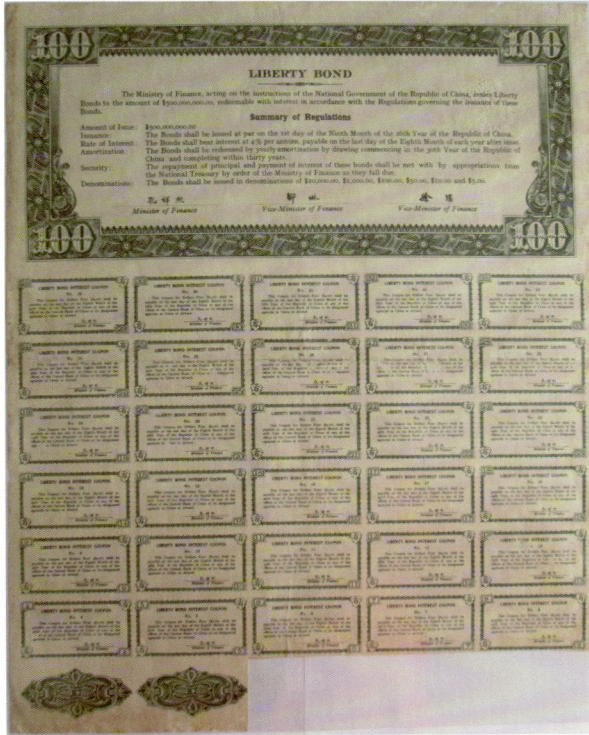

"救国公债"百圆面额

【第三编】

南京色变，汉奸当道

日本侵华期间秘制 "中国伪法币"

——以搅乱中国战时经济为目的

日本在全面侵华期间，除依靠武力威逼中国百姓在占领区内使用"日本军票"，将侵华战争经费转嫁给中国百姓外，还秘密实施了一项"对华经济谋略"，即大量印制伪钞，以"破坏蒋介石政权的法币制度"并搅乱中国经济。负责实施这一计划的部门被称为"松机关"，其负责人由日本陆军参谋部参谋冈田芳政中佐担任；实施制造伪钞的工作代号为"杉工作"，由设在日本川崎市多摩区的"陆军第9技术研究所"（陆军登户研究所）具体负责。为了达到以假乱真的目的，日军除派专业人员大量搜集、研究中国造币及发行机制外，还向德国购买了高性能的印刷设备，并于1940年制造出首批约10万张极为逼真的中国伪法钞。

1941年12月，太平洋战争爆发后不久，日军占领了香港。期间，驻港日军"特高课"查封了国民政府设在香港的造币厂，掠夺了造币机器及没有来得及运走的其他设备，并在位于九龙的中华书局查获了新近印就的中央银行十元面额纸币半成品一批和印钞机器数台。随后，又在商务印书馆查获了交通银行的五元面额法币半成品一批以及编码、暗账底册等。"特高课"如获至宝般将上述所得悉数秘密运回东京，交"陆军登户研究所"进行"研究"。

1942年下半年，日本南洋占领军又在海上截获约20亿元的中国银行小额法币半成品。接着，德国海军也在太平洋上截获一艘美国商船，查获了美国造币公司为中国交通银行印制的未印号码和符号的纸钞半成品10亿余元。日本后向德国买回这批半成品，一并交东京"陆军登户研究所"。至此，日本已完全获得和掌握了印制"中国法币"的技术和秘密。

日本在破译和掌握了制造"中国法币"的全部秘密后，于1939年到1945年的7年间，共印造伪"中国法币"约40亿元。这些伪钞有交通银行的五元、十元面额钞，有中国农民银行的一元、五元、十元面额钞，也有中国银行的小面额钞。他们将这些伪钞由日本秘密运抵中国的上海等地，与真钞混合后，分别交付给日本在中国的侵华机关和沦陷区的"商社"等机构，让他们投入市场使用。这些机构包括"梅机关""上海华新公司""民华公司""诚达公司"以及广东的"松林党"等。

这40亿元的伪法币，按当时的物价计算，相当于日本陆军在侵华战争初期2~3年军费的总和。日军利用这批伪钞扶持了汪伪汉奸集团，培养、收买了亲日分子，还为日本陆军在中国购买军需用品、战略物资提供支持，甚至以之给日本士兵支付生活费。此行为给中国的战时经济造成了严重的负面影响。这也是日寇侵华的罪行之一。

交通银行法币（时为中国法定货币）拾圆券，1941年"大东书局有限公司"印制，此为正版券

此券无编码，无董事长、总经理盖章，属半成品券

此券整体颜色较正品淡，"中华民国三十年印"字样粗于正品且模糊，明显为赝品

伪中国银行法币券伍圆

南京色变， 汪精卫粉墨登场

——汪精卫成立伪国民政府与日寇狼狈为奸

　　1938 年秋，抗日战争进入相持阶段，日本侵略者由于战线拉得过长，兵力和物资供应缺乏而陷入困境。在这种形势下，日本开始改变对华侵略政策，由开始时的"速战速决"、"三个月内灭亡中国"改为"以战养战"、"以华制华"。日寇实施这一新的政策，在政治上以"诱降"为主，军事上以"打击"为辅。日本帝国主义这一战争策略的转变，在国民党内部具有一定的市场，并产生了很大影响。以汪精卫为代表的亲日派，就是在这一政策的推动下，积极开展对日投降活动的。

　　汪精卫，原名汪兆铭，广东番禺人，曾任广东省教育会会长。1910 年 1 月，年轻气盛的他在北京因策划刺杀清摄政王载沣失败而入狱，在狱中曾有"慷慨歌燕市，从容作楚囚。引刀成一快，不负少年头"的诗句，一度成为佳话广为流传。辛亥革命后，汪精卫因清廷覆灭而获释，旋即追随孙中山，参与孙中山所领导的国民革命运动，并于孙中山病危时受命记录孙中山遗嘱。孙中山去世后，汪精卫以拥护孙中山的三大政策和孙中山的"忠实信徒"面目出现，曾一度取得了能和蒋介石分庭抗礼的政治资本，位高至国民政府政治委员会主席。

　　1936 年"西安事变"后，正当全国人民在抗日民族统一战线的指导下团结一致、奋起抗击日本侵略者之时，汪精卫却对中国的抗日前途完全失去信心，因恐日心理作祟，千方百计寻找"和"的机会。与蒋介石决裂后，汪精卫便与日本军国主义者相勾结，于 1939 年 8 月在上海私自召开"国民党第六次全国代表大会"。是年年底，汪精卫和日本签订了卖国密约《日支新关系调整纲要》。在日本帝国主义的支持下，汪精卫于 1940 年 3 月 20 日乘蒋介石的南京政府迁往重庆之机，公然在南京成立伪南京国民政府，自任"主席"，自立"国旗"，自建军队，自设银行，公开和为抗战已迁都重庆的蒋介石国民政府唱对台戏。这时的汪精卫已死心塌地投靠日本人，一步步沦为中国最大的汉奸。为了破坏中国人民团结抗日的行动，并配合日寇实行"诱降策反"战略，汪精卫伪南京国民政府将一组中央银行于 1936 年印制的中央银行券改成"军队归来证"，在抗日前线散发，企图涣散军心、民心，达到破坏抗日的目的，这充分暴露了其铁杆汉奸的真面目。

　　"军队归来证"正面为中央银行钞券，背面则变成左题"欢迎参加和平"，右题"保障生命安全"，中间文字为："本参加证，在军事委员会通令以前，为发给志愿参加新中央政府和平建国运动者而制，经与日军前线部队成立谅解，提示本证于日军步哨，即予保护，益予复归新中央政府之便利。"

中央银行券改成的"军队归来证"（伍分）

中央银行券改成的"军队归来证"（壹圆）

日本侵略者则配合汪精卫的卖国政策，也采取了一系列"诱降策反"策略，除在占领区内实行"宣抚"（宣传、安抚）政策外，还印制了"投降票""优待证"，在抗日前线四处散发，实行诱降。"投降票"和"优待证"上均写着："绝对释放（不杀）投诚者！！凡华军士兵，无意抗战，树起白旗，或高举两手，携带本证，前来投诚归顺日军者（,）日军对此（,）必予以充分给与，且代谋适当职务，要回故乡去的人给与路费与通行证，以示优待！聪明士兵，盍与平和！！"

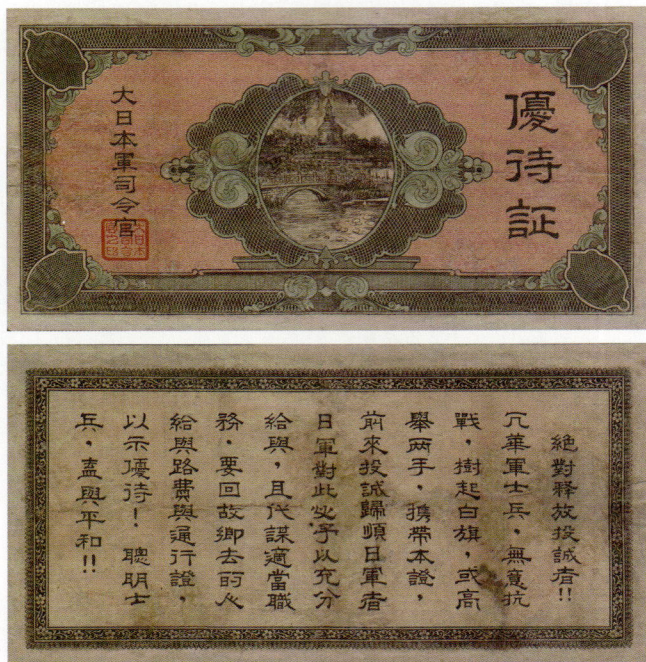

"大日本军司令官"印发的"优待证"

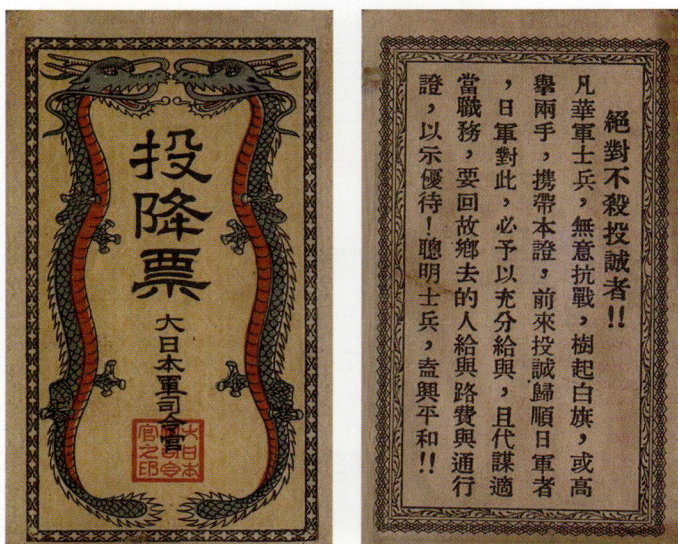

"大日本军司令官"印发的"投降票"

"大日本山西派遣军司令部"印发的"回心票"

日本侵略者驻山西派遣军则以"大日本山西派遣军司令部"的名义将"中国联合准备银行"一角纸币改印成有汪精卫头像的"纸币交换券"。该"交换券"正面圆圈内印有"中国新兵持参本券可向大日本军以表记金额交换中国联合准（备）银行纸币"字样；背面上端及中间为"优待归顺者回心票"字样，下为"大日本军"字样，右边文字是"持此证向县村区公署或向日本警备队投顺，日军绝对不加杀害并给其阶级优越之待遇"，左边文字为"携军器来者日军并按其军器之种类出金收买更加以优待之"。

汪精卫的"南京国民政府军事委员会"所印发的"军队归来证"和"大日本军司令官"所印发的"投降票""优待证"以及日本驻山西派遣军司令部所印发的"优待归顺者回心票"都是侵略者和汉奸配合密切、狼狈为奸、沆瀣一气的证据。这些票证，充分暴露了汪精卫的汉奸嘴脸，是汪伪汉奸集团投靠日本、破坏抗日的历史铁证。

中央储备银行

——汪精卫投靠日本的罪行

　　1938 年 12 月，汉奸汪精卫投靠日本后，在日本人的操纵下，于 1940 年 3 月 20 日在南京成立伪中华民国国民政府，同时宣布撤销华北的临时政府和南京的维新政府，自立"国旗"，自设银行，发行货币。1940 年 12 月 17 日，汪伪政府与日本秘密签订了《关于设立中央储备银行之备忘录》，19 日则公布了《中央储备银行法》和《整理货币暂行办法》等条例。经过一段时间的筹备，由南京伪国民政府以"中央储备银行"的名义向日本借贷"自由日元"1 亿作为资本，同时还授予该行经理国库、发行货币、筹募债券等特权。中央储备银行于 1941 年 1 月 5 日在南京成立，由伪财政部部长周佛海兼任银行总裁，钱大櫆任副总裁，总行成立两周后，又在上海外滩 15 号国民政府中央银行原址成立上海分行。1944 年 7 月，该行又迁至外滩 23 号新建的中国银行大厦营业。"中储行"成立后即发行"中储券"，开始发行时，票面面额只有一分、五分、一角、二角、五角、一元、五元、十元八种，后来随着通货膨胀不断加剧，钞票面额也越印越大，由一百元、二百元、五百元、一千元、五千元直到一万元。另外，其还在日本印了五万元和十万元面额的钞票，待运到中国时，日本已宣告无条件投降了。

　　"中储行"还设置了庞大的日本顾问室，人数多达数十人，总顾问由日本人木村增太郎担任，副顾问由吉川和久保太三郎担任。该行的所有运作，包括人事任用等事务均由顾问室操控。由此可以得出结论："中储行"同样是由侵华日军所操控的傀儡银行，是在日寇和汪伪汉奸集团相互勾结之下诞生的怪胎。

　　"中储券"的印制特色之一是正面以孙中山像或中山陵、背面以中山陵作为主图。这种借孙中山在中国人心目中的崇高地位对世人进行欺骗的伎俩，充分暴露了日本军国主义者和汉奸们内心的虚弱。

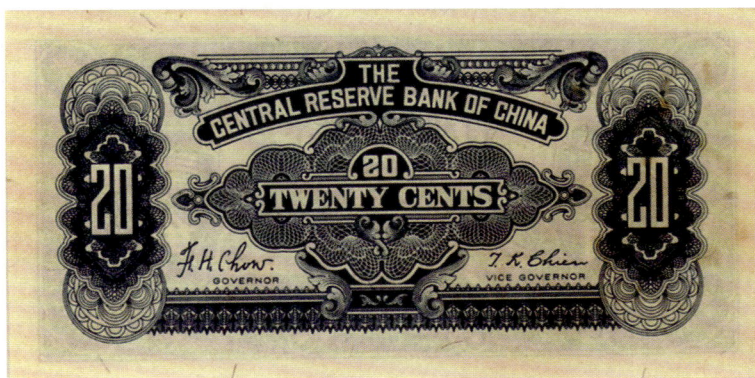

"中储券" 贰角

印有武汉地名的 "中储券" 拾圆

印有广东地名的"中储券"伍百圆（1）

印有广东地名的"中储券"伍百圆（2）

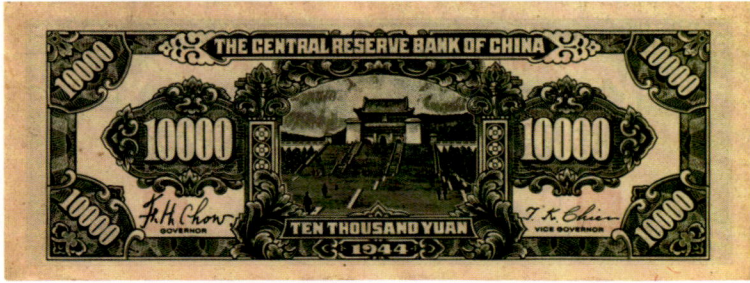

"中储券" 壹萬圆

"蒙疆" 和 "蒙疆银行"
——日本企图分裂中国的罪证

1937 年，在我国内蒙古和东北绥远地区（今已并入内蒙古自治区）曾出现过"蒙疆联合自治政府"和"蒙疆银行"。这是"蒙疆"这一名词首次在中国的词语中出现。日本帝国主义侵华期间，为了达到蚕食和鲸吞中国的目的，采取威胁、利诱、唆使等手段，以"蒙疆"（按德穆楚克栋鲁普亲王的说法，其意为"收复蒙古固有疆土"）为诱饵，以"自治"为幌子，煽动、操控内蒙古的王公贵族和上层反动分子建立所谓的"自治政府"，以此对我国进行国土分裂活动。

1933 年 7 月，德穆楚克栋鲁普亲王（简称"德王"）在日本关东军的支持下，以内蒙古包头百灵庙为中心，策划、发动了一场所谓的"内蒙古高度自治运动"。1936 年 2 月，为配合日本的进一步侵华，其又在德王府成立"蒙古联合自治委员会"和"蒙古军总司令部"，并由此踏上了分裂国土、充当汉奸的不归路。

1937 年 7 月 7 日，日本帝国主义发动全面侵华战争，在占领了张家口和大同后，又分别操控成立了伪察南自治政府和伪晋北自治政府。日本军国主义者为了进一步控制、掠夺内蒙古和绥远地区的经济、资源，在他们的操控下，由"察南自治政府"、"晋北自治政府"和"蒙古联合自治政府"三个伪政权均摊，共同出资 1 200 万元（实收只有 300 万元），同时接收了原察南丰业银行、绥远平市官钱局、冀东银行，吞并了 44 家钱庄、银号，没收了绥远各地的中央银行、交通银行、中国农民银行的法币资产，还吸收了日本人600 万元的"投资款"，于是年 12 月 1 日在宣化市（今张家口市宣化区）鼓楼西街成立了"蒙疆银行"总行，同时在大同、归绥、宣化、包头、北平、张北、多伦等地设立分行，在"满洲国"首都新京（今长春）和日本东京都设有办事处。"蒙疆银行"成立后，发行了五分、一角、五角和一元、五元、十元、百元面额纸币共七种，还委托伪"满洲中央银行"代为铸造了面值为五分、一角、五角的三种镍币和五厘、一分两种铜币，但只有五角镍币进入市场流通，其他均只见样币。

由于当时国民政府在该地区的货币尚未统一，因此在 1937 年至 1945 年的这段时期内，"蒙疆银行"所发行的纸币就成了当地流通的主要货币，伪政权主导和操控了这一地区的所有金融活动，成为日本侵略我国经济的帮凶和手段之一。截至 1945 年日本无条件投降，"蒙疆银行"共发行"蒙疆币"42 亿多元。抗战胜利后，国民政府决定将"蒙疆币"收回销毁，并规定兑换率为：1 元法币兑换 2.5 元"蒙疆币"。由于兑换时间只有三个月，许多偏远地区收不到消息，国民政府只收回不到十分之一的"蒙疆币"。遗留在民间的"蒙疆币"统统成了废纸，亦成了日本侵华、分裂我国国土的历史明证。

"蒙疆币"五分

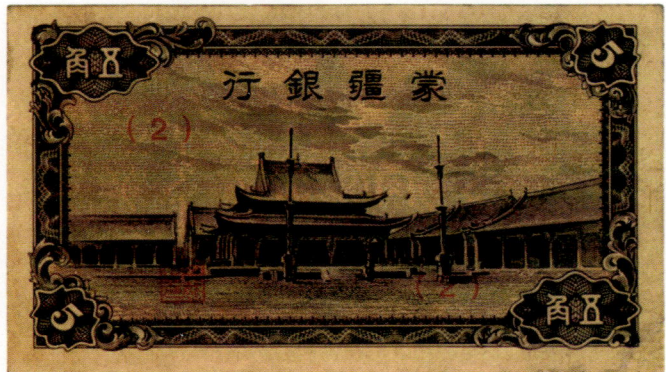

"蒙疆币"五角

"蒙疆币"壹圆

"蒙疆币"五圆

"蒙疆币"拾圆

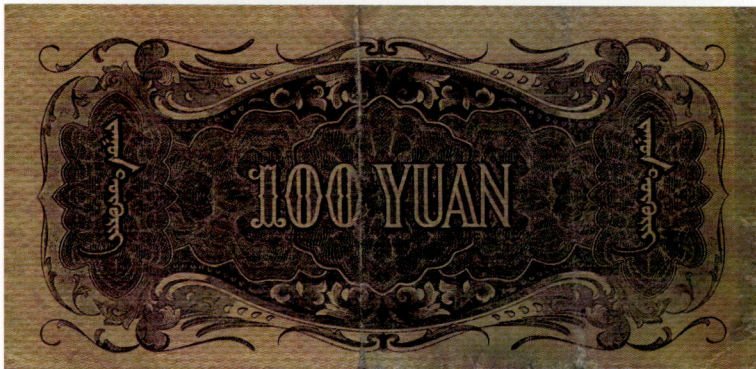

"蒙疆币"百圆

中国联合准备银行
——"汉奸票""走狗票"的由来

　　1937年"七七事变"之后，日本侵略军占领了华北大部分地区。为了达到"以战养战""以华制华"的战略目的，日军占领北平（今北京）后，即扶植汉奸王克敏于是年12月14日在北平成立伪中华民国临时政府（后改组为"华北政务委员会"）。为了能全盘掌握华北地区的经济和金融活动，日本侵略者决定在北平成立"中国联合准备银行"。1938年2月10日，王克敏通过伪中华民国临时政府公布《中国联合准备银行条例》；次日，该行正式成立。中国联合准备银行总行设在北京东交民巷30号，并在天津、青岛、济南、开封、太原、山海关、唐山等地设有分行24处，在日本东京亦设有办事处。"中联行"的资本额为5 000万元，北平伪中华民国临时政府出资1 250万元；另在王克敏的压力下，中国银行、交通银行、大陆银行、金城银行、中南银行、河北省银行等八家银行被迫出资1 250万元；其余资金由日本兴业银行、朝鲜银行、横滨银行调入。1938年3月10日，"中联行"正式对外营业，并发行"中联币"，面值有半分、一分、五分、一角、二角、五角、一元、五元、十元、五十元、一百元、五百元、一千元、五千元等四十种；金属铸币有一分、五分、一角三种。

　　中国联合准备银行同样由日本侵略者操控。成立后，该行野心勃勃，立志要对华北地区的货币进行统一，强力实施以"中联券"为唯一"法币"的政策，为此还出台了相应的限制各商业银行、地方银行、钱庄的法规和政策，限制甚至禁止其他货币流通。日本侵略者通过"中联行"掠夺和套取了中国大量的物资和外汇。"中联行"其实就是在日本侵略者控制之下的奴才银行、汉奸银行。华北人民将"中联币"称为"汉奸票""走狗票"。

　　1945年8月抗战胜利后，该行由国民政府中央银行接收。"中联行"在八年抗战中共发行"中联币"1 423亿余元。

"中联币"半分

"中联币"壹圆

"中联币"拾圆

"中联币"壹百圆

"中联币"伍仟圆

厦门劝业银行

——日本兴亚院一手扶植的汉奸银行

厦门劝业银行是日本帝国主义侵华期间在厦门一手扶植的汉奸银行。该行所发行的钞票、本票、奖券等都是侵华日军对我国进行政治控制、经济掠夺的工具。

1938 年 5 月 13 日，厦门沦陷。日寇为了实施其"以华制华"和"就地筹饷"的战略决策，到处收买民族败类为其服务。在兴亚院的策划、操纵下，1939 年 7 月"厦门特别市"成立，汉奸李思贤出任"厦门特别市"市长。

李思贤抗战前为厦门律师会会长，认贼作父后在日本兴亚院的授意下，伙同汉奸殷雪圃、陈长福、金馥生等人发起组建"厦门劝业银行"的活动。厦门劝业银行于 1940 年 2 月 16 日开业，股金 80 万元，由伪厦门市政府垫付；首任董事长兼经理为殷雪圃，殷雪圃离职后，由李思贤任董事长，吴瑞琨任经理。该行开业后即发行一分、五分、一角、二角以及五角的辅币券共五款，以及作为主币流通的本票和奖券等。

日军占领厦门后，把持和控制了当地绝大多数的金融机构，如"日资台湾银行"、"中央储备银行厦门办事处"、"日资厦门金融组合"、"厦门劝业银行"等，华资仅剩一些资本微薄的钱庄、银铺在勉强维持，做些小额存款、汇款业务。

厦门沦陷初期，法币与伪币还能在市面上等价流通。待到 1941 年 12 月太平洋战争爆发后，当地日伪政权操控市场，故意压缩伪币的发行量，却把掌握的法币尽量放出市场，制造法币充斥市场、伪币缺乏的假象，从而压低法币对伪币的兑换率，使得 100 元法币只能兑换伪币 77 元。1942 年 5 月 27 日，伪财政部公告"中央储备银行钞券"为统一货币，接着兴亚院又宣告：禁止法币在当地流通，凡持有法币者自 7 月 1 日至 7 月 23 日止必须兑换成"中储券"，且 100 元法币只能兑换 50 元伪币。日本占领军把收兑到的法币，拿到占领区外套购物资和外汇，充作军需，达到其"以战养战"和"就地筹饷"的目的。

太平洋战争后期，日寇眼看大势已去，又利用其占领者的强权政治，滥印滥发伪币，实行物价放任自流、通货膨胀政策以达到搜刮、掠夺中国人民财富的目的。

兴亚院是日本侵华时期，日本内阁设立的专门负责处理侵华事宜的机构。该院于 1938 年 12 月成立，由日本首相近卫文麿任总裁，外相、藏相、陆相、海相任副总裁，设二部：第一部辖政治，第二部辖经济。该院还设联络委员会，在中国北平、上海、青岛、汉口、广州和厦门等地设分支机构。1942 年 11 月，由于"大东亚省"的设立，兴亚院无存在之必要而被废止。

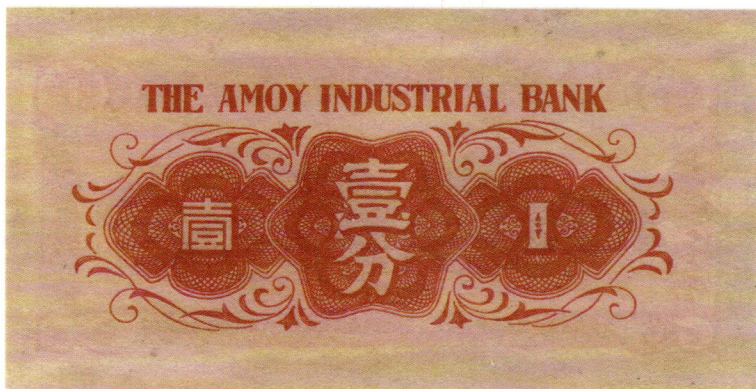

厦门劝业银行钞券壹分

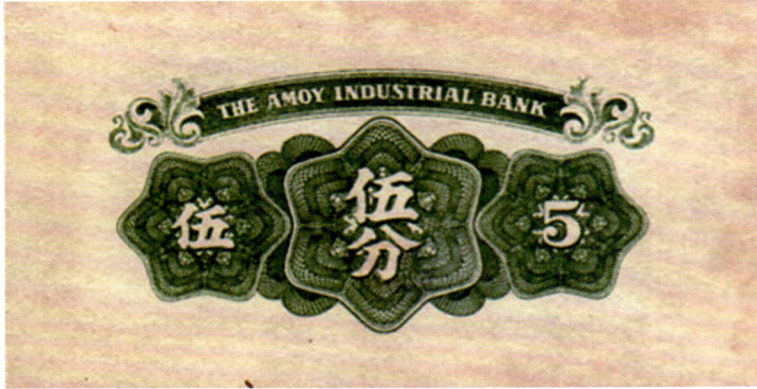

厦门劝业银行钞券伍分

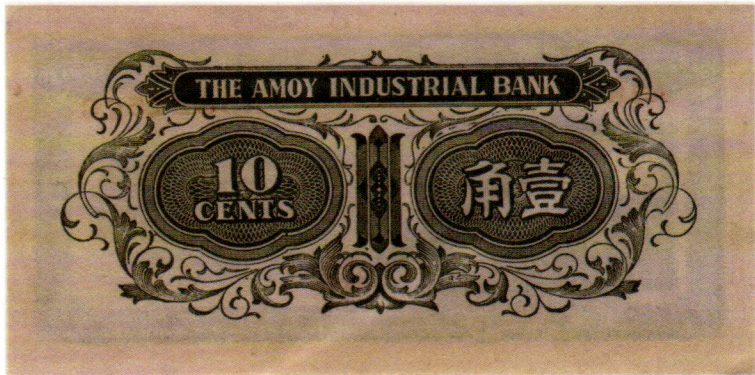

厦门劝业银行钞券壹角（1）

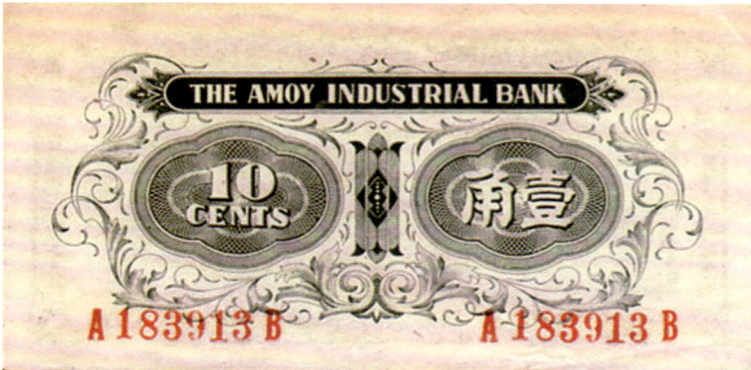

厦门劝业银行钞券壹角（2）

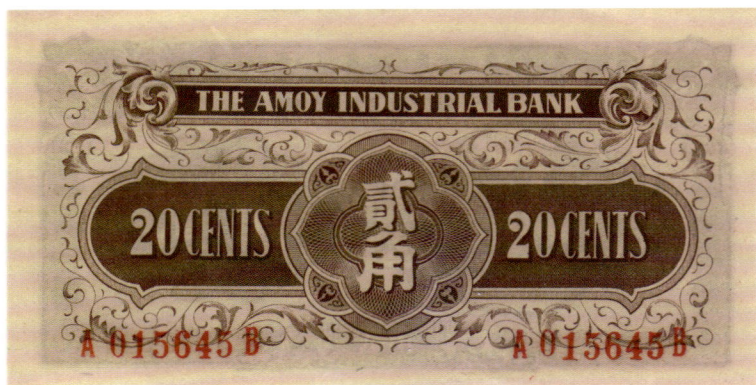

厦门劝业银行钞券贰角

厦门劝业银行钞券伍角

厦门劝业银行奖券

抗战胜利的号角吹响了

【第四编】

抗战胜利的号角吹响了！

——中央银行发行"航空救国券"

1941年11月，日本御前会议制订了《帝国陆军作战计划》，决定对美、英、荷开战，并占领这些国家在东南亚的殖民地。12月7日，日本偷袭珍珠港，挑起了太平洋战争。到1942年5月，日本在不到半年的时间里，就迅速占领了东南亚诸国和太平洋一些岛屿。连同先前被侵占的中国、朝鲜和印度支那在内，日本占领区的面积已达700万平方公里，人口5亿左右，形成了一个北起阿留申群岛、南临澳大利亚、西至印度洋的庞大殖民帝国。日本侵略者所设计的"大东亚共荣圈"计划已基本实现。但就是在这种情况下，中华民族也没有失去抗击日寇的决心和信心。1941年，国民政府为了筹集资金向美国购买战斗机以加强空中打击力量，由财政部特别发行了一套"航空救国券"，总额为500万美元。同时，为了鼓舞中国人民的抗日斗志，1942年中央银行在抗日战争进入关键阶段时，发行了一组两枚由德纳罗印钞公司印制的钞票，分别是墨绿色的五元券和浅蓝色的十元券。两券正面左边均为孙中山像，右边为蒋介石像水印。五元券背面的图像为一架正在飞翔的P-40鹰式战斗机，十元券背面则是一名国军战士站立在长城上吹响战斗的号角。

1940年已是中国人民抗战的第四个年头了，日本侵略者凭借其精良的武器装备和空中优势已占领了大半个中国，而此时，太平洋彼岸的美国尚未下决心对日宣战。中国在"七七事变"前拥有各种类型战斗机314架，到1940年底仅剩下65架。这个时期被称作是中国航空史上的"黑暗时期"。为此，国民政府通过各种渠道和关系寄希望于陈纳德将军，希望其能全力争取美国的支持，帮助国民政府在美国购买到其所需要的作战飞机，以加强中国的空中反击能力。经过努力，1940年底，美国终于同意从供给英国的飞机中先行抽出100架P-40鹰式战斗机卖给中国。12月15日，美国总统罗斯福又签署法令：允许美国飞行员离职后成为志愿者到中国参战。1941年，一支由陈纳德将军率领，由美国离职飞行员组成的"飞虎队"正式成为中国武装部队的组成部分，参加了中国人民的抗日战争，有力地加强了中国的空中作战力量。

五元券上的飞机正是美国寇蒂斯公司生产的P-40鹰式战斗机。十元券背面的军人背着枪站立在万里长城上吹响了战斗的号角，号召全国人民团结一致，奋起抗战。这组货币的发行极大地鼓舞了中国人民取得抗战胜利的决心和信心。

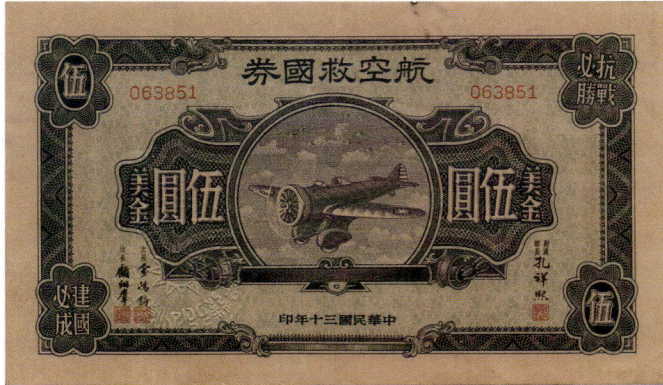

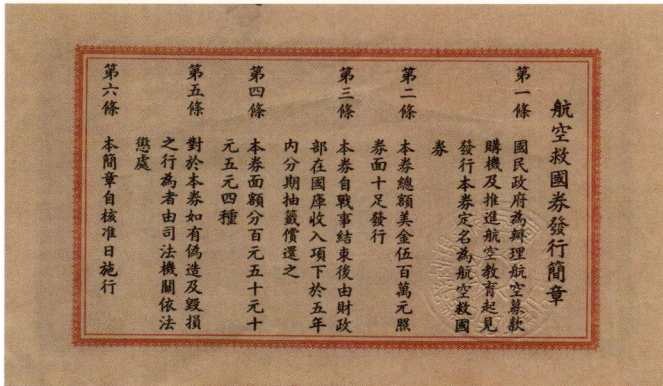

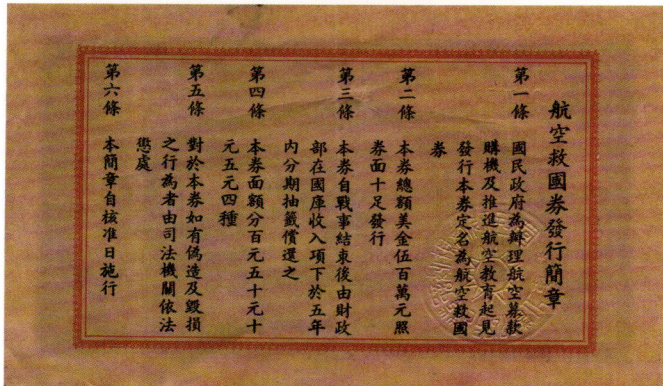

1941 年国民政府财政部发行美金版"航空救国券"，合计 500 万美元

1942年中央银行发行的鼓舞抗战斗志的钞券伍圆（P－40鹰式战斗机）

1942年中央银行发行的鼓舞抗战斗志的钞券拾圆（战斗的号角吹响了）

众志成城　宣传抗日

——钞票上的抗日标语

　　在八年抗日战争期间，日本侵略者的无耻和残暴给中国人民带来了深重的苦难。国土沦陷、民族蒙难，唤醒了中国人民，增强了民族凝聚力，促进了中华民族的空前大团结。"一切为了胜利，一切为了前方"，"有钱出钱，有力出力"成了中华民族抗日救亡的自觉行动。从车夫到补鞋匠，从职员到学生，无论青壮抑或妪孺，都被动员了起来，为救亡运动出钱出力。当时"中央银行"、"中南银行"发行的钞票也都被加盖了抗日标语，如"打倒日本军阀"，"对抗外敌，抵制日货"，以及"欲谋救国，从个人节俭做起，永远不买日货，振兴实业"等。这些标语起到了极好的宣传效果，极大地激发了民众的抗日积极性。许多社会团体和知名人士纷纷被动员了起来，以各种方式鼓励、引导人民群众参与抗日杀敌。他们制作了各式各样的抗日纪念证章奖励给立功人员，以示鼓励和纪念。

中央银行 1940 年加盖"打倒日本军阀"抗日标语的贰角券

96

中央银行 1936 年加盖"对抗外敌，抵制日货"抗日标语的壹圆券

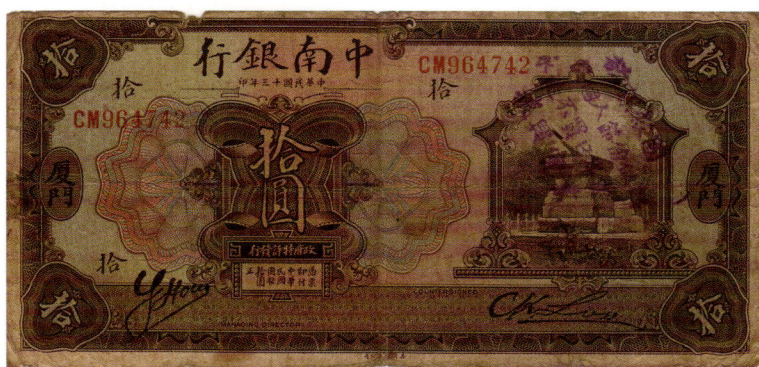

中南银行加盖"欲谋救国，从个人节俭做起，永远不买日货，振兴实业"抗日标语的拾圆券

下图为抗日战争期间社会团体制作的各种纪念章。

一九三七负伤流血纪念章

为国流血纪念章

抗日纪念章（1946 年）

新淦各界民众抗敌后援会纪念章

　　抗日战争胜利后，民间流传着这样一首歌："胜仗！胜仗！日本跪下来投降！祝捷的炮声像雷响；满街炮竹，烟火飞扬，遍山遍野是人浪——笑口高张，热泪如狂！向东望，看我们百万雄师，配合英勇的盟军，浩浩荡荡，扫残敌，如猛虎驱羊，踏破那小小扶桑！河山再造，日月重光……"这首歌十分形象地唱出了抗战胜利后老百姓那种喜悦无比的心情。

　　百姓为八年抗战取得胜利而兴高采烈，抗日将士从前线光荣归来。政府和商业机构为了犒劳从前线归来的将士，将中央银行券改成"利民兑换券"，以方便他们购物。钞票被用来宣传抗日和犒劳抗日将士也是抗日战争时期的一大发明。

抗战胜利后，中央银行券被改成"利民兑换券"，用来犒劳从抗日前线归来的战士

中国远征军军票之谜
——中国组建远征军赴缅与盟军并肩抗日

在中国抗战进入相持阶段之后，德国法西斯在欧洲战场也步步紧逼，将英国也拖入了欧洲战场。其时，印度、缅甸均为英国殖民地，英国有保护其殖民地免遭日军侵略的责任。而此时，缅甸与云南相接壤的滇缅公路也已成为中国争取外援的最后生命线，如果滇缅公路不保，外援即无法进入中国，中国将面临万分危险的境地。为此，中英两国几经协商，于1941年12月23日在重庆签署了《中英共同防御滇缅路协定》，中英正式建立军事同盟。当时，中国沿海口岸均已为日寇所控制。为了切断中国在云南的国际补给线，日寇挥军南下，矛头直指缅甸，企图以此断绝中国的外援，灭亡中国。为支援英军在滇缅、印度一带抗击日军，同时也为了保卫中国唯一的西南大后方国际补给线的安全，中华民国政府根据《中英共同防御滇缅路协定》的要求，决定组建一支约10万人的中国远征军，由罗卓英将军指挥并率领这支队伍入缅协同盟军作战（后改由杜聿明接任代理司令长官）。太平洋战争爆发后，日军在短时间内席卷东南亚，继而直奔滇缅公路。

由于英军的偏见和其老牌帝国主义目空一切的高傲习气，英军从一开始就轻视中国军队的力量，并过于高估自己的实力，更重要的是英国人不愿意让中国军队深入他们的殖民地，于是采取各种借口一再阻延中国远征军入缅。直至英军在仁安羌被日军所围陷于绝境，才不得不向中国远征军求援。英军的有意拖延使中国远征军错失了入缅作战的最好时机，使得中国远征军入缅作战的第一仗变成了掩护英军撤退。虽如此，中国远征军还是安全解救了英军，力克日本在仁安羌的守军，取得了仁安羌大捷。中国远征军在入缅的半年时间里即与日军进行连续的浴血奋战，战线延绵1 500余公里，取得了同古保卫战、斯瓦阻击战、东枝收复战等战事的重大胜利，给侵缅日军以沉重的打击。远征军也由此声威大振，彻底颠覆了盟军对中国远征军的看法。中国远征军在滇缅作战历时三年零三个月，经历了各种各样的"恶战""大战"，除沉重打击了日寇的嚣张气焰外，还有力地支援了盟军在印、缅战场的对日作战。在这三年零三个月中，中国远征军总共投入兵力40余万，伤亡接近20万人，抗日名将戴安澜将军也在一次突围中中弹牺牲。日军也为此付出了伤亡9万余人的沉重代价。

抗战胜利后的1948年秋，坊间有传：远征军入缅作战初期，为解决军费所需，国民政府决定在一组1936年由英国华德路印钞公司印的中央银行的纸钞上加盖藏文，作为中国远征军入缅作战期间的"军票"，但后因地域关系，未能协调妥善，乃携回销毁云云。这一传闻使得该币一度"一票难求"，成为热门收藏品，许多集钞者不惜花高价竞相争购，以能获得整套"中国远征军军票"为快。

中国纸币收藏家王松麟先生获悉后，亲访原国民政府财政部钱币司司长，并结合其他确凿史料，在1984年《中国钱币》第四期上撰文，以大量史实和实物对此进行分析，认为这种存在加盖藏文的"军票"之说纯属捏造，并提醒广大收藏者切莫上当。

笔者认为，国民政府组建中国远征军入缅和盟军共同对日作战、保卫滇缅公路生命补给线的这段历史是真实的，中国远征军在滇缅抗击日寇的丰功伟绩也已载入史册。1936年，由英国华德路印钞公司印制的中央银行的纸钞也不是假的。虽然有人利用了这段历史，以所谓"加盖藏文"，制造了一段有关中国远征军军票的"趣闻"，但这一"趣闻"作为中国远征军在抗日战争中的卓著功勋和光荣的历史回忆的"佐证"，也不失为一桩好事。当然，王松麟先生实事求是的精神，也不失为收藏界求真务实的典范。

加盖藏文的中央银行钞票壹圆

加盖藏文的中央银行钞票伍圆

加盖藏文的中央银行钞票拾圆

偷袭珍珠港

——日本挑起太平洋战争

1937 年 7 月 7 日，日本发起全面侵华战争后，曾叫嚣要在三个月内灭亡中国。但日本人万万没有想到，他们的侵略行为激起了全中国人民的强烈反抗，日军在正面战场受到了国民政府军队的激烈反击，在敌后战场受到了新四军、八路军以及抗日民众的袭击和破坏，从而陷入了人民战争的汪洋大海之中，致使战况持久，战线过长，军费不继，经济每况愈下，一时难以脱身。在这种情况下，侵华日军为了继续其对中国的战争，开始调整其对华侵略政策，由开始时的"速战速决"改为"以战养战"、"以华制华"，同时又有了南下夺取他国资源的计划。

持观望态度、企图坐收渔翁之利的美国政府在介入战争前曾警告和要求日本从中国和法属印度支那撤军，并要求荷兰和英国停止对日本的一切石油出口，而石油恰恰是日本继续战争的必需品。美国此举令日本最终决定必须尽速南下以夺取英国、荷兰资源丰富的殖民地。

为此，日本联合舰队司令山本五十六认为：必须尽快制订"南进计划"，"必须给美国海军太平舰队致命的打击"，"再在巩固势力和有利的形势下与美国和谈"。根据这些指导原则，山本五十六拟定了偷袭珍珠港的详细计划。

1941 年 12 月 7 日早上，日军 354 架战机由距珍珠港 170 海里的航空母舰上起飞，分两批对美国太平洋珍珠港海军基地进行狂轰滥炸，击沉、重创美军舰艇 40 余艘，击伤、击毁美国战机百余架，造成美军死伤千余人。

由于这次日本的偷袭是不宣而战，且事前日本还派遣亲善使团到美国拜会罗斯福总统，展现出两国一派祥和的景象，背地里却是两面三刀要置美国于死地，这一行径确确实实激怒了美国。

当天下午 2 时，日本特使来栖三郎和日本驻美大使野村吉三郎到美国国务院向当时的国务卿赫尔递交断绝日美关系的照会，尽管罗斯福总统事先已对国务卿赫尔有所叮嘱，要求对他们冷漠、不要发作，但赫尔还是抑制不住，对他们说道："在我 50 年的公职期间，从未见过这样厚颜无耻、充满虚伪与狡辩的文件。"

面对日本不宣而战、背信弃义的行为，美国总统罗斯福在第二天发表了著名的国耻演说，称"这个日子（12 月 7 日）将永远是我们的国耻日"。后来，这一天（12 月 7 日）也就成了美国的珍珠港事件纪念日。

日本偷袭珍珠港后，挥军南下，很快就占领了马来西亚、新加坡、缅甸、菲律宾、印度尼西亚等国以及关岛、威克岛、阿留申群岛等太平洋其他岛屿。日本政府为了将战争的支出转嫁给这些国家和地区的人民，实现其所谓的"大东亚共荣圈"，在金融体制上打造一个庞大的"日本帝国集团"经济网，以便在更大范围内进行经济渗透和侵略，其所到之处都以"大日本帝国政府"的名义发行"军用票",强制当地人民使用"军用票"。这些军用票票面均以英文为面文,取当地常见的景物为图案,印制简单、粗糙。主币面额为1卢比、5卢比、10卢比、100卢比四种;辅币券有1/4卢比、1/2卢比、1分、5分、10分、50分以及十元、十钱等。

这些"军用票"均无任何担保,日本无条件投降后都变成了废纸,遭受损失的都是欲哭无泪的老百姓。这些"军用票"现已成为日本侵略者发动太平洋战争、侵略东南亚各国罪行的历史证据。

下图为日本在太平洋战争期间强迫当地百姓使用的其所发行的"货币"。

"大日本帝国政府军用票"1卢比

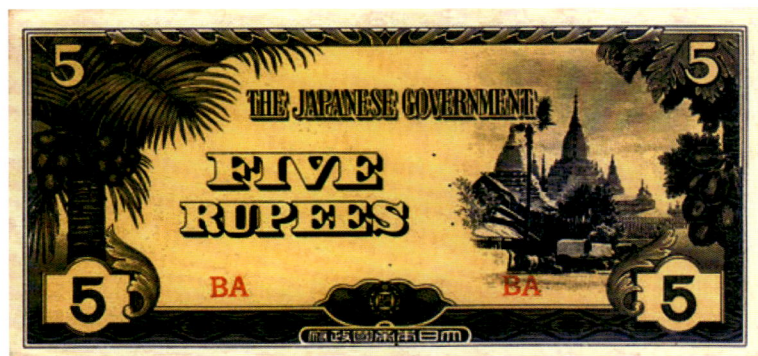

"大日本帝国政府军用票"5卢比

"大日本帝国政府军用票"10卢比

"大日本帝国政府军用票" 100 卢比

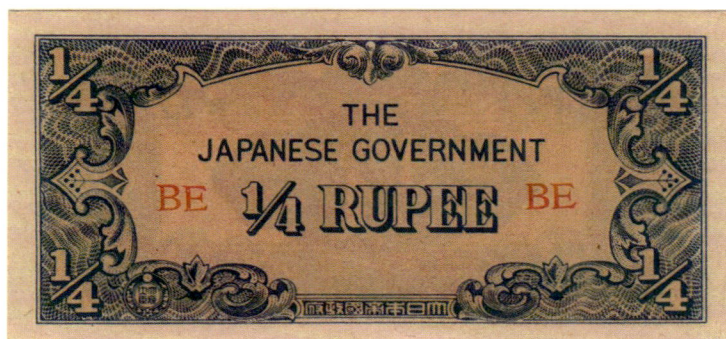

"大日本帝国政府军用票" 1/4 卢比

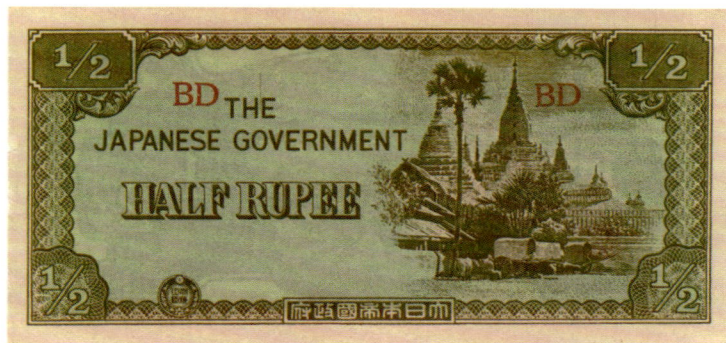

"大日本帝国政府军用票" 1/2 卢比

"大日本帝国政府军用票" 1 分

"大日本帝国政府军用票" 5 分

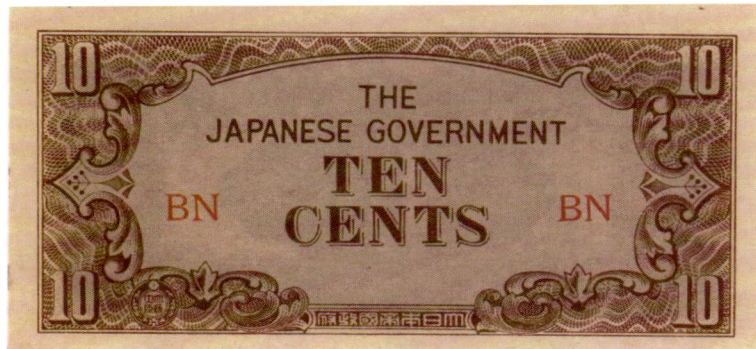

"大日本帝国政府军用票" 10 分

"大日本帝国政府军用票" 50 分

"大日本帝国政府军用票"拾圆

"大日本帝国政府军用票"拾钱

"陶币"

——侵华日军的窘境

　　日本帝国主义发动侵华战争后，为了实现其"以华制华"和吞并中国的狼子野心，于1932年3月1日扶植原已被赶下台的末代皇帝溥仪在东北建立傀儡政权——"满洲帝国"，同时还迅速组建了由日本关东军所控制的汉奸银行，如"满洲中央银行"等。这些傀儡银行除在其控制区滥发纸钞外，还大量发行铜、镍、铝等质地的金属辅币。到了1944年，日军在太平洋战场以及中国战场连遭重创，节节失利，且因战争旷日持久，战线拉得过长，已出现军费不支、物资奇缺的情况。特别是战争中还消耗了大量可用来制造枪、炮、子弹的金属物料，其中尤以铜料最为缺乏。日军垂死挣扎，不惜大量回收和熔毁金属辅币来作为军用金属物料的补充。但这样一来，又面临市面辅币严重不足的后果。为了解决市面辅币紧缺的问题，日本人竟然想到利用我国东北地区被人们称为"苦土"的菱镁矿土作原料，加上其他辅料，压制后烧结制成辅币。这种用陶土做的陶币呈枣红色，具有吸水、可塑、耐火的特点，但也有易碎、易裂、不耐磨的缺陷，但也只能如此了。

　　1944年和1945年，伪满洲国政府就在东北发行了两种面额的陶币，分别是五分和壹分。陶币正面上方文字为"满洲帝国"，中间为阿拉伯数字"5"和"1"，下方写有"康德十一年"和"康德十二年"字样，背面在八角形圆圈左右两边印着"五分"和"壹分"字样，币面上下有对称的花符，边齿为模压光边。

　　在中国的货币史上，我们的祖先曾经使用过贝币、金币、银币、铁币、铜币，也许我们的祖先在远古时期也曾以陶土制作的物件作为交易的媒介。没想到日本侵略者在其行将战败时，将人类文明的历史倒退了数千年甚至更长。不过，就在日本侵略者在伪满洲国推行陶币的第二年即1945年8月，日本天皇向全世界宣布无条件投降。散落在东北各地的陶币，不仅见证了日本侵略者的必败之结局，同时也充分暴露了日军在侵略中国时的丑态和窘境。

陶币五分（康德十一年）

陶币壹分（康德十二年）

日本发行号外军票妄图以靖国神社鼓舞士气

——1943 年日本侵略者气数已尽、败局已定

　　位于日本东京的靖国神社，原名"东京招魂社"，建于明治二年六月二十九日（1869年8月6日），原是为了纪念明治维新时期在日本内战戊辰战争中为恢复明治天皇权力而牺牲的军人。明治十二年（1879），东京招魂社更名为靖国神社，此名一直沿用至今。靖国神社一直由日本军方管理。据记载，更名是为了纪念在甲午战争、日俄战争中战死的将士。"二战"后该神社又增加在"二战"期间侵略别国时战死的军人，现共存放着约250万个为日本国战死者的灵位，其中有210万军人是死于"二战"期间，包括被强征入伍的中国台湾人、韩国人在内。

　　1978年10月，日本军方将被远东军事法庭判处死刑的东条英机等14名"二战"甲级战犯及约2 000名乙、丙级战犯的牌位秘密移至靖国神社安放，使靖国神社的性质发生了根本的改变，引起了"二战"期间遭受日本侵略的国家和人民的密切关注和强烈反对。

　　富士山，是日本横跨静冈县和山梨县的休眠火山，海拔3 776米，为日本国内最高山峰。富士山被日本人视为"圣山"，是日本人"神圣的精神象征"。

　　1943年，日本在太平洋战场和中国战场上由于战线拉得过长等原因已心有余而力不足，军事上已由主动进攻变成了被动防御，且在战场上节节败退。此时的日本和德国、意大利法西斯一样已时日不多了。日本政府为了挽救即将失败的命运，作垂死挣扎，妄图以"靖国神社"和"圣山"唤起"大和民族精神"，让其子民继续为其所发动的侵略战争而战，因而特别发行了一组以靖国神社和富士山为主题的五十钱面额的所谓"号外军票"，企图以此"招魂"，鼓舞还在作垂死挣扎的日本侵略者的"军心"。但是，日本侵略者所发动战争的不义性质，注定了其必败的结局。日本政府即使妄想利用靖国神社和所谓"圣山"来鼓舞士气，也一样无法挽救日本侵略者覆灭的命运——两年后（1945年），日本宣布无条件投降。

　　下图为1943年日本政府发行的"号外军票"。

"号外军票" 五拾钱（1）

"号外军票" 五拾钱（2）

日本反战同盟

——活跃在抗日前线的日本反战队伍

在侵华战争中，日本侵略者公然违反国际法进行细菌战，在战场上、占领区内实行烧光、杀光、抢光的"三光政策"，还制造了南京大屠杀、重庆大轰炸等一系列人间惨剧。日本侵略者的血腥暴行不但激起了中华民族的奋起反抗，受到全世界爱好和平的国家和人民的强烈谴责，同时也受到了由日本人民组成的、活跃在抗日前线的"日本反战同盟"的坚决反对。

抗日战争期间，在中国各地的战场上，活跃着一支由日本的有识之士、觉醒了的日本士兵以及战俘所组成的反战团体——"日本反战同盟"。他们利用自身熟悉日本的优势和切身体会开展了卓有成效的反战活动，为反对日本侵略中国，为中国人民最终取得抗日战争的胜利作出了极大的贡献，是世界战争史上一道独特的风景线。

"日本反战同盟"的活动形式多种多样，他们利用自身熟悉日本的有利条件，用日语在前线对日本官兵喊话，以日文写就书信、慰问袋送给日本士兵。反战同盟会员经常分散在各前沿阵地用扩音喇叭直接对日军喊话，唱反战歌曲，呼喊反战口号，问日本士兵"想不想家""为什么要到中国来打仗""中国士兵有到日本去吗"等。这些宣传活动对动摇日军的战斗情绪、瓦解日军的战斗意志起到了重要作用。

1940年至1942年间，"日本反战同盟"还仿制了一种十元的"日本银行兑换券"，该券背面印有"五千円"的警示文章，以及将十日元所能买到的东西作战前战后的对比，揭露日本军阀自发动这场侵略战争以来已耗去了日本百姓每人五千日元的巨款（五千日元在当时的日本是一笔很大的财富）的事实。战争导致物价不断上升，如果让这场战争再持续下去，"战争持续的时间越长，军阀挥霍诸位的钱就越多"，日本人民的负担就会越来越重。这些仿制的"日本银行兑换券"在日本和抗日战争前线散发后，引起了日本人民以及日军士兵的强烈反应，使日本人民的反战情绪越发强烈，收到了很好的宣传效果。

这些宣传钞的出现，从另一个角度证明，日本军国主义者所发动的这场对中国的侵略战争是非正义的，是不得人心的，是受到包括日本人民在内的一切热爱和平的人所反对的。这些宣传钞就是最好的历史见证。

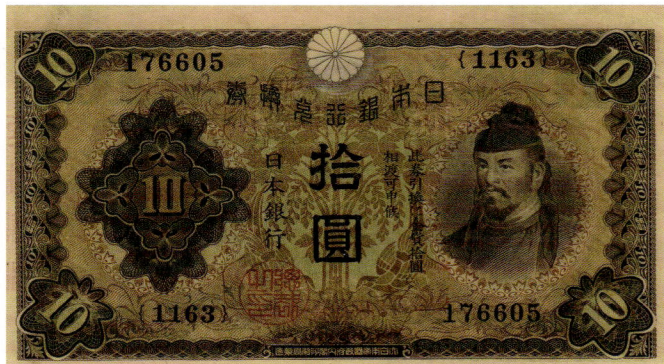

"日本银行兑换券"拾圆的正面和背面

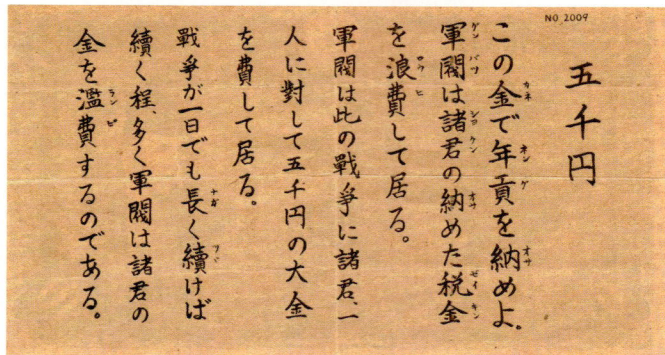

"日本反战同盟"仿制的拾圆券宣传钞（1）

"五千円"翻译成中文内容如下：

五千日元

军阀正在浪费诸位的税金。

军阀为这场战争所耗费的资金，相当于花费了诸位每人五千日元的巨款。

战争持续的时间越长，军阀挥霍诸位的钱就越多。

用这个缴纳地租吧！

No. 2034

軍閥が支那と戰爭を未だ始めて居なかつた昭和五年には十圓で次の物が買へた。
一、上等米二斗五升
一、或ひは夏着物八着分の反物
一、或ひは、木炭四俵
支那事變勃發後の昭和十二年には十圓で次の物が買へた。
一、下等米一斗五升
一、或ひは夏着物五着分の反物
一、或ひは木炭二俵半
世界の最大强國を相手に三年間絕望的戰爭を續けた今日、十圓で次の物が買へる。
一、暗取引いて上等米一升二合
一、木炭少額（買ひ得れば）
一、木綿物なし
以上が諸君の指導者の云ふ共榮圈の成行きである！

"日本反战同盟"仿制的拾圆券宣传钞（2）

115

宣传钞翻译成中文内容如下：

军阀在发动中国战争之前的昭和五年（1930），十日元可以买下列物品：

1. 上等米二斗五升；
2. 或夏季衣服八件；
3. 或木炭四袋。

战争爆发后的昭和十二年（1937）十日元可以买下列物品：

1. 下等米二斗五升；
2. 或夏季衣服五件；
3. 或木炭二袋半。

与世界强国成为对手的三年间，绝望的战争持续的今天，十日元可以买下列物品：

1. 黑市上等米一升二合；
2. 木炭少许（能买到的话）；
3. 没有棉制品。

以上就是大家的指导者所说的共荣圈的形成过程。

116

"盟国胜利公债券"的发行

——抗日战争胜利在望

1939 年 9 月，德国法西斯突袭波兰成功。这一事件给日本朝野打了一针强心剂，刺激了日本向南扩张的野心。日军制订了建立包括印度以东，澳大利亚、新西兰以北的整个亚太地区在内的"大东亚共荣圈"南进作战计划。为了实现这一计划，日军急于先行稳定中国战局。为了迫使蒋介石政权屈服，日军又于 1940 年制订了轰炸重庆的计划，不断对重庆实行狂轰滥炸，还制造了重庆大隧道一次死伤万人的大惨案，企图以此压服蒋介石。

接着，日军又对美不宣而战：1941 年 12 月 7 日，偷袭珍珠港，挑起了太平洋战争。在实行南进战略的过程中，日军很快就占领了马来西亚、新加坡、缅甸、菲律宾、印度尼西亚等国以及关岛、威克岛、阿留申群岛等太平洋其他岛屿，向实现其"大东亚共荣圈"的企图迈进了一大步。

但日本人低估了其偷袭珍珠港、挑起太平洋战争所付出的代价——严重激怒了美国。美国由过往的坐山观虎斗改为即时向日宣战并迅速与中、英、苏结成抗日同盟，实施中英联合对日作战，让美国空军直接援华作战，协助中国空军组建"飞虎队"，与中国航空公司运输队共同开辟"驼峰"空中航线等，都给予日本巨大的打击。许多美国飞行员为此献出了宝贵的生命，为中国抗战胜利立下了不朽的功勋。

美国在海上对日军的反击也取得了重大的进展。1942 年 6 月，美国在中途岛战役中获得完全胜利，使被动局面开始扭转，并取得了海上作战的主动权。在美军的强大攻势下，日军由于在太平洋战场及中国战场上均连遭重创，节节失利，且因战争旷日持久，战线拉得过长，已逐渐陷于军费不支、物资奇缺、补充不继的窘境。原被日军占领的太平洋岛屿以及东南亚诸国先后被美国和盟军收复。日军那种嚣张气焰也逐渐衰落。日本侵略者气数已尽，彻底失败指日可待。

面对这种情况，中、美、英、苏同盟国更坚定了战胜日本的决心和信心。为了进一步鼓舞中国人民的抗日斗志，一鼓作气打败日本侵略者，在同盟国的支持下，国民政府财政部于 1942 年 5 月 1 日发行了"民国三十一年同盟胜利美金公债"一亿美元。该公债面额有五千元、一千元、五百元、一百元、五十元、二十元六种，由财政部部长孔祥熙，次长俞鸿钧、顾翊群签发。"同盟胜利美金公债"的发行，意味着日本的失败已成定局，抗战已然胜利在望了！

"民国三十一年同盟胜利美金公债"贰拾圆

"民国三十一年同盟胜利美金公债"伍拾圆

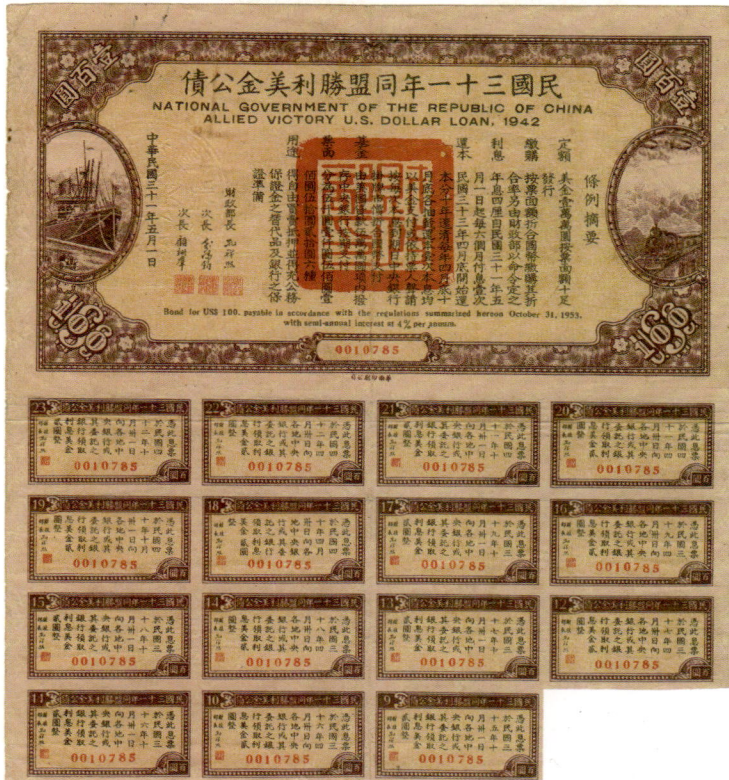

"民国三十一年同盟胜利美金公债" 壹百圆

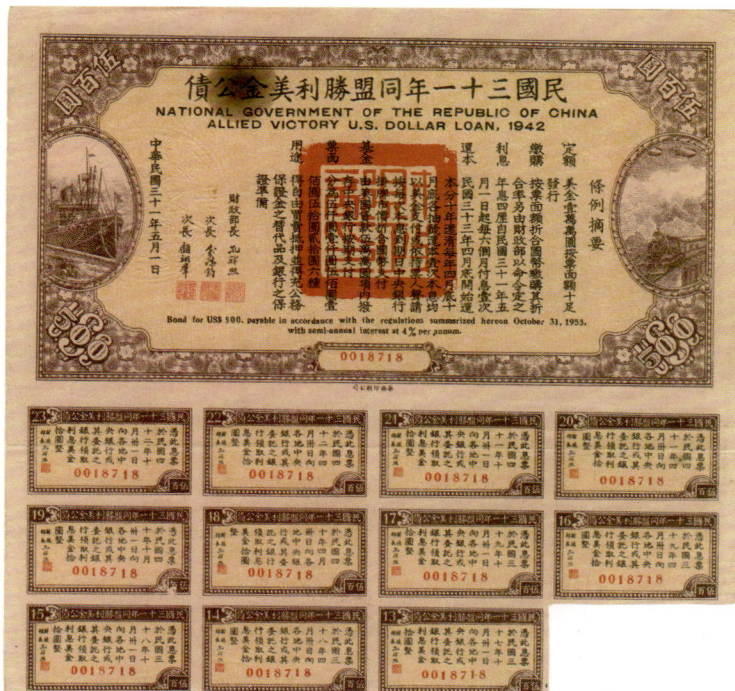

"民国三十一年同盟胜利美金公债" 伍百圆

日本无条件投降

第五编

《波茨坦公告》

——盟国敦促日本侵略者无条件投降

　　《波茨坦公告》是在德国法西斯已经投降，日军在亚洲和太平洋战场屡遭失败、行将崩溃的背景下产生的。

　　在波茨坦会议上，美国总统杜鲁门、中华民国政府主席蒋介石以及英国首相丘吉尔联合发表了一份公告——《中美英三国促令日本投降之波茨坦公告》（简称《波茨坦公告》）。公告于1945年7月26日发表，苏联于8月8日对日宣战后加入该公告。

　　公告宣布：盟国对日作战继续到日本完全停止抵抗为止，日本政府必须立即投降。公告还规定了盟国接受日本投降的条件，即：铲除日本军国主义；对日本领土进行占领；实施开罗宣言之条件，解除日本军队的武装，惩办战争罪犯；禁止军需工业等。

　　1945年7月27日，日本首相铃木贯太郎召开内阁会议，决定"始终根据既定方针，坚决完成大东亚战争"，拒绝投降。

　　1945年8月6日、9日，美国分别在日本的广岛和长崎投下原子弹；8日，苏联对日宣战。这些举动使日本统治集团乱作一团，十分恐慌。

　　1945年8月14日，日本天皇向议会宣布接受《波茨坦公告》，颁布投降诏书，宣布日本无条件投降。

从左至右：斯大林、杜鲁门、丘吉尔在波茨坦会议上
（图片来源：网易网）

附文

《波茨坦公告》原文

（一）余等：美国总统、中国国民政府主席及英国首相代表余等亿万国民，业经会商，并同意对日本应予以一机会，以结束此次战事。

（二）美国、英帝国及中国之庞大陆、海、军部队，业已增强多倍，其由西方调来之军队及空军，即将予日本以最后之打击，彼等之武力受所有联合国之决心之支持及鼓励，对日作战，不至其停止抵抗不止。

（三）德国无效果及无意识抵抗全世界激起之自由人之力量，所得之结果，彰彰在前，可为日本人民之殷鉴。此种力量当其对付抵抗之纳粹时不得不将德国人民全体之土地、工业及其生活方式摧残殆尽。但现在集中对待日本之星则较之更为庞大，不可衡量。吾等之军力，加以吾人之坚决意志为后盾，若予以全部实施，必将使日本军队完全毁灭，无可逃避，而日本之本土亦必终归全部残毁。

（四）现时业已到来，日本必须决定一途，其将继续受其一意孤行计算错误，使日本帝国已陷于完全毁灭之境之军人之统制，抑或走向理智之路。

（五）以下为吾人之条件，吾人决不更改，亦无其他另一方式。犹豫迁延，更为吾人所不容许。

（六）欺骗及错误领导日本人民使其妄欲征服世界者之威权及势力，必须永久剔除。盖吾人坚持非将负责之穷兵黩武主义驱出世界，则和平安全及正义之新秩序势不可能。

（七）直至如此之新秩序成立时，及直至日本制造战争之力量业已毁灭，有确定可信之证据时，日本领土经盟国之指定，必须占领，俾吾人在此陈述之基本目的得以完成。

（八）开罗宣言之条件必将实施，而日本之主权必将限于本州、北海道、九州、四国及吾人所决定其他小岛之内。

（九）日本军队在完全解除武装以后，将被允许返其家乡，得有和平及生产生活之机会。

（十）吾人无意奴役日本民族或消灭其国家，但对于战罪人犯，包括虐待吾人俘虏在内，将处以法律之裁判，日本政府必将阻止日本人民民主趋势之复兴及增强之所有障碍予以消除，言论、宗教及思想自由以及对于基本人权之重视必须成立。

（十一）日本将被允许维持其经济所必须及可以偿付货物赔款之工业，但可以使其获得原料，以别于统制原料，日本最后参加国际贸易关系当可准许。

（十二）上述目的之达到及依据日本人民自由表示之意志成立一倾向和平及负责之政府后，同盟国占领军队当撤退。

（十三）吾人通告日本政府立即宣布所有日本武装部队无条件投降，并以此种行动诚意实行予以适当之各项保证，除此一途，日本即将迅速完全毁灭。

"小男孩" 和 "胖子"

——美国决定对日使用原子弹

第二次世界大战进行到 1945 年，盟国反攻的战火已燃烧到日本本土，日军的海空力量在太平洋战争中遭到重创后，元气大伤，败局已经显露。但日本军国主义者仍在作垂死挣扎，提出所谓 "本土决战"、"一亿玉碎" 的口号，企图顽抗到底，要在日本本土和盟军决一死战。日本负隅顽抗的态度使在太平洋战场作战消耗颇大的美国十分担忧。为避免美军重大伤亡，以尽可能小的牺牲达到摧毁日本的目的，1945 年五六月间，美国已在秘密研议将原子弹用于对日作战并将其提上了迫使日本投降的议事日程。

1945 年 7 月 16 日至 8 月 2 日的波茨坦会议，是第二次世界大战期间最后一次 "三巨头" 会议。杜鲁门到达波茨坦当天就获得了美国试验成功了第一颗原子弹的绝密信息。7 月 18 日，美国总统杜鲁门和英国首相丘吉尔经过一轮密商后，决定不向苏联的斯大林打招呼，采取 "不等俄国人进来日本就完蛋了" 的做法，作出了使用原子弹轰炸日本的最终决定。

1945 年 8 月 6 日上午 8 时 15 分（华盛顿时间 8 月 5 日下午 7 时 30 分），美国在日本广岛投下了人类历史上的第一颗原子弹（称为 "小男孩"），当场就有近 8 万人被炸死或失踪，约 10 万人受伤；8 月 9 日，美国又向长崎投掷了第二颗原子弹（称为 "胖子"），当场炸死 6 万余人，炸伤 4 万余人。

广岛和长崎的原子弹爆炸，使 "二战" 的战争形势发生了巨大的变化，进一步促使日本政府对战争形势作重新评估和认真反省。"一亿玉碎" 和 "本土决战" 的战略决策在先进武器的毁灭性打击下显得苍白无力，毫无价值。

8 月 8 日，日本外相东乡紧急谒见日本天皇，详细奏明了原子弹的性质和威力以及广岛遭轰炸后的实况。天皇听后惊恐万状，即要求内阁及军方接受盟国的一切条件，立即停战，以免日本 "国民涂炭"。此时，东京尚不知苏联在获知美国对日使用原子弹后，为争夺利益、避免被动，也已对日宣战的消息。8 月 9 日晨，东京才从外国广播和中国长春关东军的电讯中得知苏联已对日宣战的消息。美国用原子弹轰炸日本和苏联突然对日宣战，彻底粉碎了日本顽抗到底的信心和幻想。

原子弹介入战争，加快了日本侵略者失败的进程，但并不像西方某些史学家所宣称的，原子弹是 "战争结束的决定因素"。针对日本是被美国原子弹打败的说法，时任美国国务卿的贝尔纳斯说："……日本在第一颗原子弹投在广岛之前就已被打败，胜利的功劳应归于打仗的士兵们。" 战争的实际进展也完全证明：促使日本军国主义者投降的决定因素是中国人民的英勇抗战与太平洋沿岸各个国家的反侵略斗争。日本在侵略战争中迭遭败绩，战争力量已消耗殆尽，在这种情况下，其才被迫接受《波茨坦公告》，宣布无条件投降。

原子弹爆炸时的广岛
（图片来源：凤凰网）

原子弹爆炸后所产生的蘑菇状烟云
（图片来源：中国文化传媒网）

广岛原子弹爆炸后尸横遍野

（图片来源：凤凰网）

原子弹爆炸后的广岛

（图片来源：搜狐网）

苏联对日宣战

——日本关东军彻底覆灭

　　1945 年 2 月 4 日至 11 日，美、英、苏三国首脑——罗斯福、丘吉尔、斯大林在苏联克里米亚半岛雅尔塔召开会议，会后三方签订了《雅尔塔协定》。协定规定：在德国投降及欧洲战事结束两个月或三个月内，苏联将参加对日作战。1945 年 8 月 8 日，苏联在德国投降三个月、并获知美国已对日使用原子弹之际，根据上述协定，匆匆忙忙向日本宣战。8 月 9 日凌晨，苏联红军约 150 万人，在长达 5 000 多公里的东北和内蒙古战线上从东、西、北三个方向对盘踞在东北和朝鲜北部的日本关东军实施突击，发起了强大的战略性进攻。苏联百万红军在华西列夫斯基元帅的指挥下，越过中苏、中蒙边境，一举击败了日本关东军，共击毙关东军 8 万余人，迫使关东军 59 万人投降，为抗日战争及世界反法西斯战争的最后胜利作出了重要贡献。但是，中国也为此付出了巨大的代价。就在日本宣布投降的前一天，中苏在莫斯科签订了《中苏友好同盟条约》，中国政府基本上接受了苏联提出的有损中国领土主权的要求。抗战胜利后，苏军迟迟不愿从中国境内撤兵，如此种种行为引起了中国人民的不满。

　　战后，为了解决苏军进入东北后的经费问题，国民政府还和苏联政府签订了《中苏友好共同对日作战协定》，同意在远东战役后，苏联红军司令部可在我国东北地区印制、发行钞票。苏军所发行的钞票，无任何实物保证，实际上是以东北人民的劳动价值和丰富的物产资源作为准备金的。

　　1945 年 8 月 15 日，日本宣布无条件投降。1946 年 6 月，苏军开始部分撤离东北。在这约一年的时间里，苏联红军司令部在东北地区发行了约 100 亿元的苏联"红军票"，数量之巨使这种苏联"红军票"占领了整个东北市面。"为一切支付必使用"使苏联在我国东北所获得的利益，远远超出它所付出的代价，导致并加速了东北地区物价飞涨、钞票贬值。一百元大钞只能购买四两玉米，十元钞仅能买到一盒火柴。

　　苏联红军所发行的"红军票"分一元、五元、十元、一百元四种，图案基本相同，只是颜色不一样而已。

　　1946 年 6 月，苏军撤离东北时，东北地区基本已为人民解放军所控制。当时的"东北行营经济委员会"制定了收兑"红军票"的办法，以解放区的"东北银行券"1：30 的比率，回收苏联"红军票"。同时，为防止还在大连的苏军军营区使已被禁止流通的一百元面额大钞回流，"东北经委会"还采取了在一百元券票面上加贴小票的方法对其加以控制。

苏联红军司令部在我国东北发行的"红军票"壹圆

苏联红军司令部在我国东北发行的"红军票"伍圆

為一切支付必使用

苏联红军司令部在我国东北发行的"红军票"拾圆

加贴小票的苏联"红军票"壹佰圆

128

日本无条件投降

——日军投降仪式在南京举行

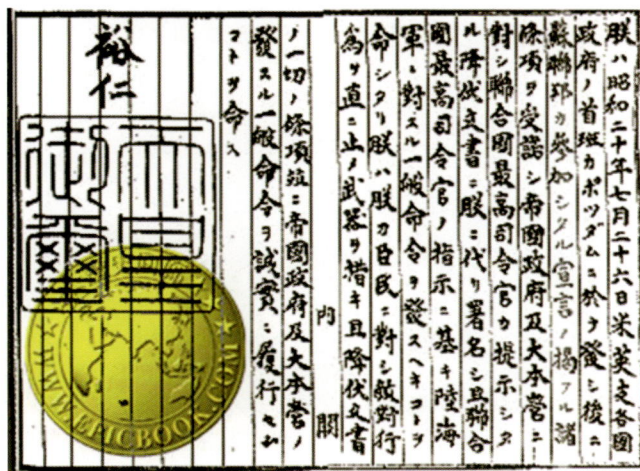

日本天皇颁布"投降诏书"
（图片来源：互动百科）

1945 年 8 月 15 日正午，日本天皇向日本全国以及世界广播了接受《波茨坦公告》、宣布日本无条件投降的诏书。21 日，今井武夫（日本陆军少将、日本派遣军副参谋总长，代表日方参加向"同盟国"投降签字仪式）飞抵湖南芷江请降。9 月 2 日上午 9 时，停泊在东京湾的美国战列舰密苏里号上举行了日本向"同盟国"投降的签字仪式。日本时任外相重光葵代表日本天皇和政府、陆军参谋长梅津美治郎代表日本帝国大本营在投降书上签字。9 月 9 日上午，中国战区受降仪式在南京中央军校大礼堂举行。由中国战区最高统帅、特级上将蒋中正特派中国陆军总司令、陆军一级上将何应钦代表中国接受日方代表冈村宁次的投降书。1945 年 10 月 25 日，中国政府在台湾举行受降仪式，被日本占领、沦为殖民地长达 51 年之久的台湾、澎湖列岛、金门诸岛（包括钓鱼岛列屿）终于随着日本的投降回到了祖国的怀抱。这些都是抗日战争取得完全胜利的重要标志。

1945 年 8 月 15 日，日本宣布无条件投降，中国老百姓兴高采烈地庆祝这来之不易的胜利。
图为重庆市民上街游行庆祝抗战胜利
（图片来源：腾讯网）

1945 年 9 月 9 日上午在南京中央军校大礼堂举行接受日军投降仪式
（图片来源：前瞻网）

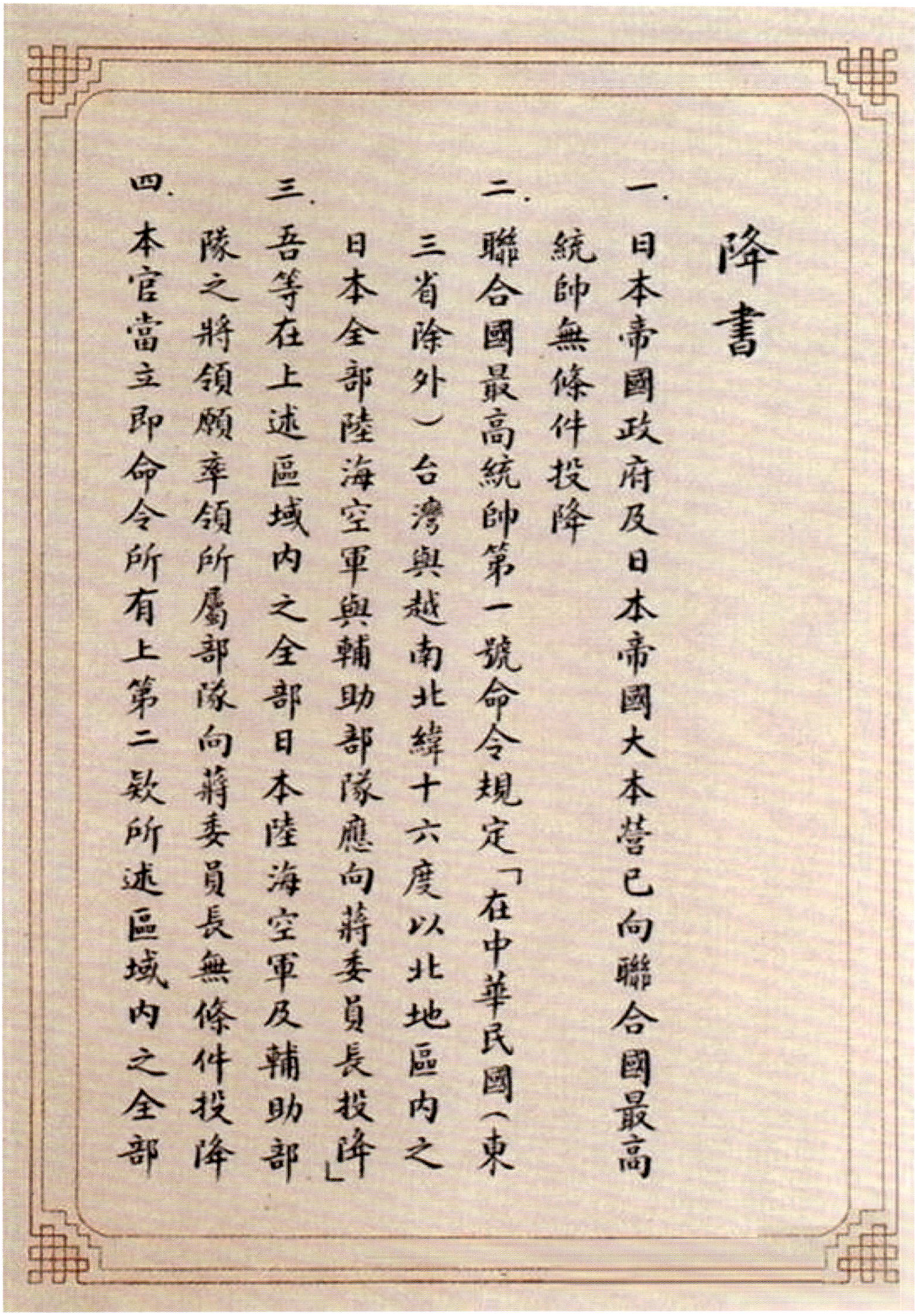

降書

一．日本帝國政府及日本帝國大本營已向聯合國最高統帥無條件投降

二．聯合國最高統帥第一號命令規定「在中華民國（東三省除外）台灣與越南北緯十六度以北地區內之日本全部陸海空軍與輔助部隊應向蔣委員長投降」

三．吾等在上述區域內之全部日本陸海空軍及輔助部隊之將領願率領所屬部隊向蔣委員長無條件投降

四．本官當立即命令所有上第二款所述區域內之全部

日本投降书（1）

日本陸海空軍各級指揮官及其所屬部隊與所控制之部隊向蔣委員長特派受降代表中國戰區中國陸軍總司令何應欽上將及何應欽上將指定之各地區受降主官投降

五.
投降之全部日本陸海空軍立即停止敵對行動暫留原地待命所有武器彈藥裝具器材補給品情報資料地圖文獻檔案及其他一切資產等當暫時保管所有航空器及飛行塲一切設備艦艇船舶車輛碼頭工廠倉庫及一切建築物以及現在上第二欵所述地區內日本陸海空軍或其控制之部隊所有或所控制之軍

用或民用財產亦均保持完整全部待繳於蔣委員長

及其代表何應欽上將所指定之部隊長及政府機關
代表接收

六.
上第二款所述區域內日本陸海空軍所俘聯合國戰
俘及拘留之人民立予釋放並保護送至指定地點

七.
自此以後所有上第二款所述區域內之日本陸海空
軍當即服從蔣委員長之節制並接受蔣委員長及其
代表何應欽上將所頒發之命令

八.
本官對本降書所列各款及蔣委員長與其代表何應
欽上將以後對投降日軍所頒發之命令當立即對各

日本投降书（3）

級軍官及士兵轉達遵照上第二欵所述地區之所有

日本軍官佐士兵均須員有完全履行此類命令之責

九. 投降之日本陸海空軍中任何人員對於本降書所列

各欵及蔣委員長與其代表何應欽上將嗣後所授之

命令倘有未能履行或遲延情事各級員責官長及違

犯命令者願受懲罰

奉日本帝國政府及日本帝國大本營命簽字人中

國派遣軍總司令官陸軍大將　岡村寧次 [印]

昭和二十年（公曆一九四五年）九月九日午前

九時　分簽字於中華民國南京

日本投降书（4）

（图片来源：新浪博客）

134

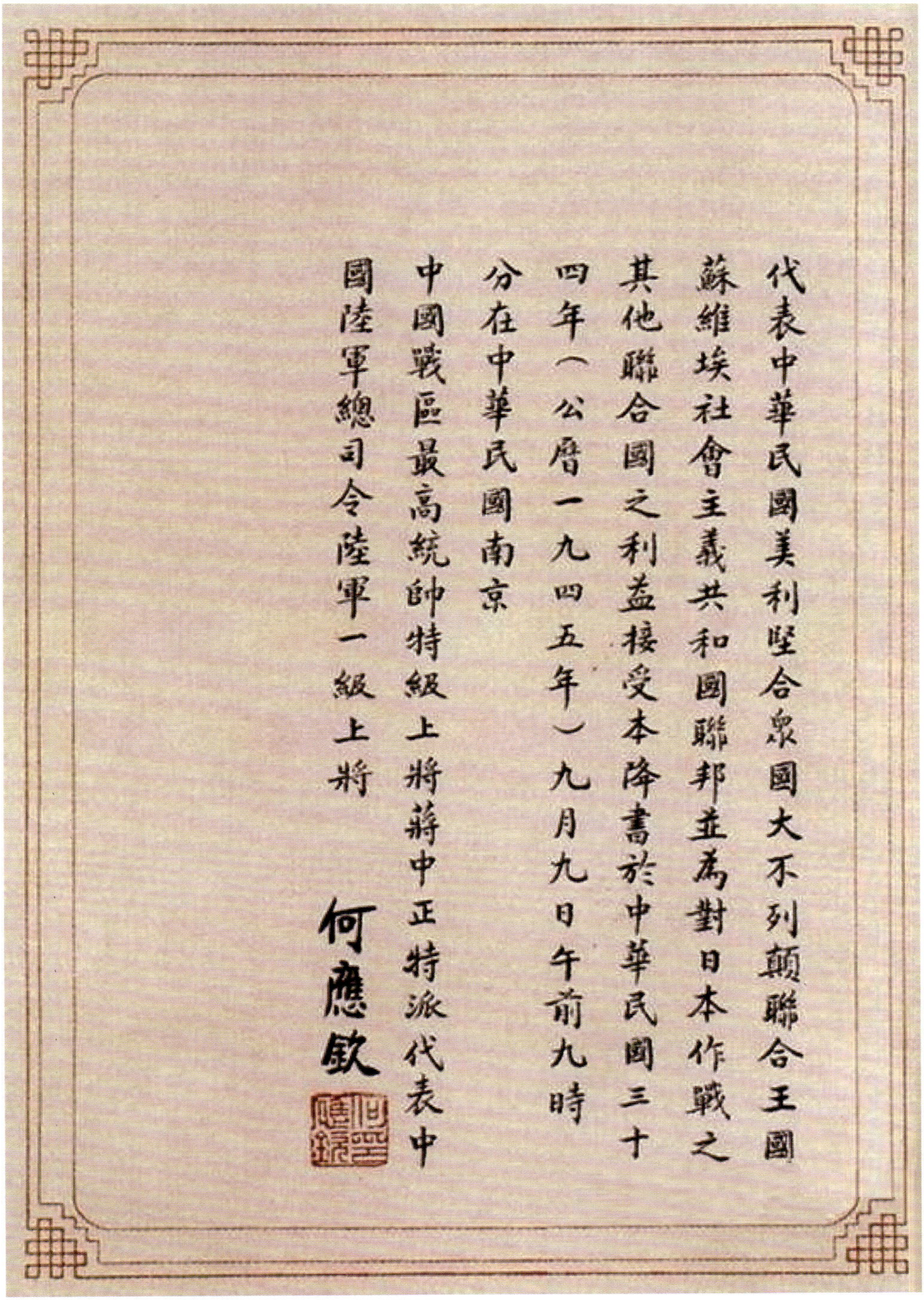

代表中華民國美利堅合眾國大不列顛聯合王國
蘇維埃社會主義共和國聯邦並為對日本作戰之
其他聯合國之利益接受本降書於中華民國三十
四年（公曆一九四五年）九月九日午前九時
分在中華民國南京
中國戰區最高統帥特級上將蔣中正特派代表中
國陸軍總司令陸軍一級上將

何應欽

何应钦代表中国战区接受日本投降授权书

（图片来源：网易博客）

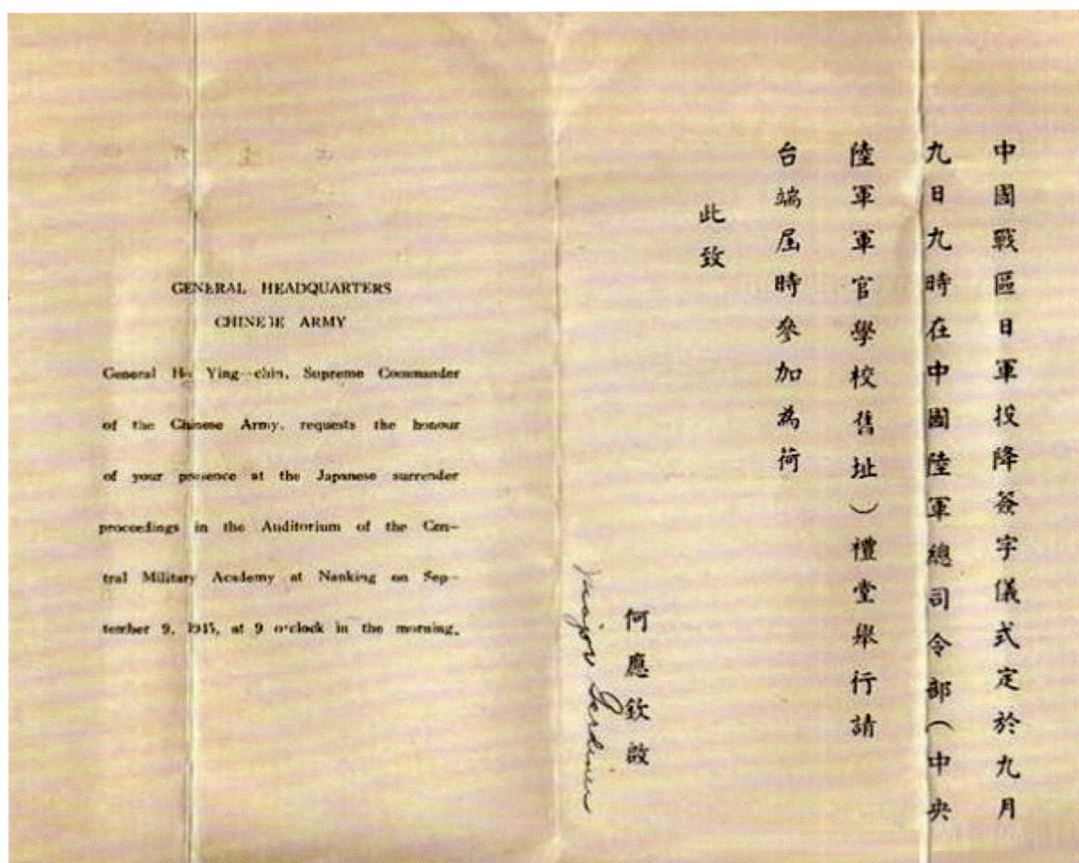

GENERAL HEADQUARTERS
CHINESE ARMY

General Ho Ying-chin, Supreme Commander of the Chinese Army, requests the honour of your presence at the Japanese surrender proceedings in the Auditorium of the Central Military Academy at Nanking on September 9, 1945, at 9 o'clock in the morning.

中國戰區日軍投降簽字儀式定於九月

九日九時在中國陸軍總司令部（中央

陸軍軍官學校舊址）禮堂舉行請

台端屆時參加為荷

此致

何應欽啟

何应钦签发的"中国战区日军投降签字仪式"请柬

（图片来源：互动百科）

日军投降代表穿过观礼人群

（图片来源：西部网）

日本投降签字仪式在孙中山画像前进行

（图片来源：新浪博客）

冈村宁次步入投降仪式会场
（图片来源：新浪博客）

日本投降签字仪式会场
（图片来源：360doc 个人图书馆）

何应钦（左）在南京接受侵华日军总司令冈村宁次的投降书

（图片来源：新浪网）

根本博率领幕僚 21 人举行献刀礼

（图片来源：搜狐网）

日军华北方面军司令官根本博中将在投降书上签字

（图片来源：新浪博客）

东京审判

——日本战犯的下场

1946年1月19日，驻日盟军统帅麦克阿瑟将军根据盟国对日管制委员会的决定，正式颁布在日本东京设置远东国际军事法庭的《特别宣言》和《远东国际军事法庭宪章》。法庭由中国、苏联、美国、英国、法国、荷兰、加拿大、澳大利亚、新西兰、印度和菲律宾11国各派一名法官组成。

1946年2月15日，麦克阿瑟根据各盟国政府的提名，任命了远东国际军事法庭的11名法官，并任命澳大利亚人韦伯为审判长、美国大律师基南为检察局局长。中国政府指派立法院外交委员会主席、国际法专家梅汝璈担任法官，向哲浚担任检察官。

1946年5月3日，举世瞩目的远东国际军事法庭在东京正式开庭。首席检察官宣读起诉书，历数70名甲级战犯自1928年1月1日至1945年9月2日期间所犯的反和平罪、战争罪和违反人道罪等。

经过控辩双方往复辩护，1948年11月12日下午，法庭对25名战犯（另有两名在诉讼过程中死亡，一名因患精神病丧失刑事责任能力）作出判决，东条英机、广田弘毅、土肥原贤二、木村兵太郎、松井石根、武藤章、板垣征四郎7人被判处绞刑，荒木贞夫、桥本欣五郎、畑俊六、平沼骐一郎、星野直树、木户幸一、小矶国昭、南次郎、冈敬纯、大岛浩、佐藤贤了、岛田繁太郎、铃木贞一、贺屋兴宣、白鸟敏夫、梅津美治郎16人被判处无期徒刑，东乡茂德和重光葵分别被判处有期徒刑20年和7年。

在东京审判的同时，南京、上海、马尼拉等地也设立了军事法庭，审判日本乙级、丙级战犯。受审日本战犯共5 416人，其中937人被判处死刑。这些审判严惩了罪犯，伸张了人类正义。

被判处绞刑的日本甲级战犯
（图片来源：网易网）

东京审判日本战犯现场
（图片来源：大公网）

日本战犯在被告席上

（图片来源：新华网）

日本战犯在被押赴刑场的路上

（图片来源：中华网）

中国（沈阳）审判日本战犯法庭旧址

（图片来源：中国日报中文网）

"冀东银行" 和汉奸殷汝耕的下场
——殷汝耕在南京被执行枪决

殷汝耕（1889—1947），浙江省平阳县金乡人（今浙江省苍南县），17岁赴日求学，于日本鹿儿岛第七高等学校造士馆毕业。1911年回国随黄兴参加辛亥革命。二次革命失败后再次赴日留学，就读于早稻田大学，获法学士学位，毕业回国后以"日本通"自居。

殷汝耕在日本求学时就与日本特务机关有密切往来，经常为日本人提供情报，被日本人称为留学生中"最有希望的人才"。他在日本娶了瞧不起中国人的日本寡妇井上慧民为妻。为了博得日本人的好感和信任，殷汝耕随妻子的姓，取了个日本名字叫井上耕二。通过日本妻子的关系，殷汝耕与日本政界也建立了密切的联系，他利用这些关系在国内军阀之间进行各种投机活动，并逐渐建立起自己在华北、冀东的亲日势力。

为配合日本军国主义对中国实行的分而治之的计划，实现"华北自治"的阴谋，殷汝耕积极纠集冀东各地的亲日分子，在日本人的支持下，于1935年11月25日在河北通县（今北京市通州区）宣布独立。其通电全国发表《自治宣言》称："自本日起，脱离中央宣布自治。举联省之先声，以谋东洋之和平。"他还策划建立了"冀东防共自治委员会"（后改为"冀东防共自治政府"，简称"冀东政府"），所辖区域为河北的通县、滦县、临榆、遵化、丰润、昌黎、抚宁、迁安、密云、蓟县、玉田、乐亭、卢龙、宝坻、宁河、昌平、香河、三河、顺义、怀柔、平谷、兴隆22县和察哈尔的延庆、龙门、赤城3县以及唐山市的塘沽、大沽、秦皇岛港等地，面积约8 200平方公里，人口600余万。

"冀东防共自治政府"以通县为政府所在地，殷汝耕任"冀东防共自治政府"的政务长官，池宗墨为"政府"秘书长，池宗墨、王厦材、张庆余、张砚田、霍实、李海天、李允声、殷体新8人为"政府"参政。"政府"下设秘书、保安、外交三处及民政、财政、教育、建设四厅，同时还将原战区保安队改编为伪冀东政府的军队：原第一至第五保安总队改称为第一至第五师，由张庆余、张砚田、李海天、赵雷、李允声分别担任各师师长。

"冀东防共自治政府"成立后，集冀东地区军政大权于一身的殷汝耕，和日本军国主义者勾结在一起，掩护日商进行走私活动。他对由日本进口的砂糖、石油、杂货以及鸦片等只征收象征性的进口关税，使日货以及鸦片等源源不断地通过冀东流入内地，给中国百姓抵制日货和民国政府的进出口贸易管制造成极大的困难，完全摧毁了华北地区的关税壁垒。据海关的不完全统计，仅1935年8月至1936年4月，经由冀东偷运入境的日货就达9 000多万吨，偷漏关税合国币3 460多万元，由此造成了2/3的工厂倒闭，2/3的店铺停业，失业人数激增，物价飞涨等情况，导致当地出现严重的社会问题。另一方面，日寇则大举掠夺冀东地区的物产资源，将上亿吨的长芦盐、约3 000万吨的开滦煤以及166亿斤的粮食运往日本。这不但助长了日本军国主义侵华的野心，同时也使冀东地区的宝贵资源大量流失。

"冀东防共自治政府"除了设立自己的军队外，还加紧控制当地的金融商业活动。1936 年 11 月，在殷汝耕的授意下，该政府策划并成立了"冀东银行"，总行设在天津，原定资本额为 500 万元，后实收只有 250 万元。该行成立后，为了和国统区一争高下，公然无视中央银行法币券的存在，在当地发行面额为五角、一元、五元、十元及一百元的五种伪钞，以及以"冀东政府"名义发行五厘、一分、五分、一角、二角五种金属辅币，以此和中央银行对着干。

　　1938 年 2 月 1 日，"冀东防共自治政府"与汉奸王克敏在北京达成共识，双方同意在北京成立新的"中华民国临时政府"。同年 3 月，"中国联合准备银行"开业，"冀东银行"被限制，不再发行钞券，同时被降格为普通商业银行；"冀东银行券"也被"中国联合准备银行券"所代替。

　　抗日战争胜利后，殷汝耕被国民政府以汉奸罪逮捕。1945 年 12 月 5 日，其被收押于北平炮局胡同陆军监狱。1946 年 6 月 26 日空押回南京后，关押于南京老虎桥监狱。1946 年 7 月，南京高院作出判决："殷汝耕连续通谋敌国、图谋反抗本国，处死刑，剥夺公权终身。"殷汝耕不服，数次申请复判均被驳回。1947 年 12 月 1 日，大汉奸殷汝耕在南京朝天宫大殿经公审后，被押赴刑场执行枪决。

　　伪冀东银行和伪冀东政府所发行的钱钞，也就理所当然成了殷汝耕投敌叛国、充当汉奸的证据之一。

"冀东政府"铜币伍厘　　　　　　　　"冀东政府"铜币壹分

"冀东政府"镍币壹角　　　　　　　　"冀东政府"镍币贰角

"冀东银行"纸币伍角

"冀东银行券"后被伪中国联合准备银行券所代替

国殇墓园

——南京灵谷塔

1927 年，在第一次国内革命战争中，北伐战争取得胜利后，为纪念在北伐战争中阵亡的将士，国民政府"眷念前劳，凯旋者概予登庸，惨逝者追加忱恤，惟兹阵亡将士杀身成仁，尸骨遍野，忠魂无依，乃拟搜集阵亡将士骸骨，建筑公墓，安慰忠魂"。为此，于 1928 年 11 月设立"建筑阵亡将士公墓筹备委员会"，收集阵亡将士遗体 1 029 具，耗资国币 35.5 万元，于 1935 年建成公墓，取名"灵谷塔"。塔高 66 米，8 面 9 层，共 252 级台阶，塔底层外壁刻有蒋介石所题"精忠报国"四字，塔内共有 28 块碑刻，分别镌刻着由著名书法家于右任、吴稚晖书写的《孙总理北上时在黄埔军官学校告别辞》《总理孙中山先生陆军军官学校开学训词》。

1937 年日本侵华期间，在上海爆发了著名的"淞沪会战"。虽然上海最终落入敌手，但以冯玉祥将军为总指挥的国民革命军在淞沪会战中，艰苦卓绝，鏖战 91 天，表现了中国人民抗日救国的意志和决心，八百勇士的事迹更是传遍了大江南北。在这次战役中，我军伤亡 33 万余人，日军伤亡 9.3 万余人。抗日战争胜利后，为了纪念在淞沪会战中英勇牺牲的将士，国民政府决定将"灵谷塔"作为"国殇墓园"。

"中央银行"在其 1939 年发行的辅币券上，也将"灵谷塔"作为主图，以缅怀、纪念在北伐战争和淞沪会战中英勇牺牲的将士。1947 年 6 月，国民政府还为此颁布了《春秋二季祭奠阵亡将士办法》，规定每年的春祭日期为 3 月 29 日（黄花岗七十二烈士殉国纪念日），秋祭日期为 9 月 3 日（抗日战争胜利纪念日）。1949 年 7 月，国民政府退迁广州前夕，"代总统"李宗仁还曾率文武百官到灵谷塔举行了最后一次的春祭。

新中国成立后，人民政府十分重视保护这里的文物史迹，除将该地设为公园进行管理外，国家还屡次拨款维修。2004 年 5 月更是耗费 1 000 多万元，对灵谷塔进行全面整修，消除因年久失修所产生的各种隐患，达到了对文物保护"修旧如旧"的要求，完全恢复了其历史原貌。如今的灵谷塔已成为人们去古都南京后缅怀先烈的旅游观光胜地。

"中央银行"伍分券上的南京灵谷塔（1）

149

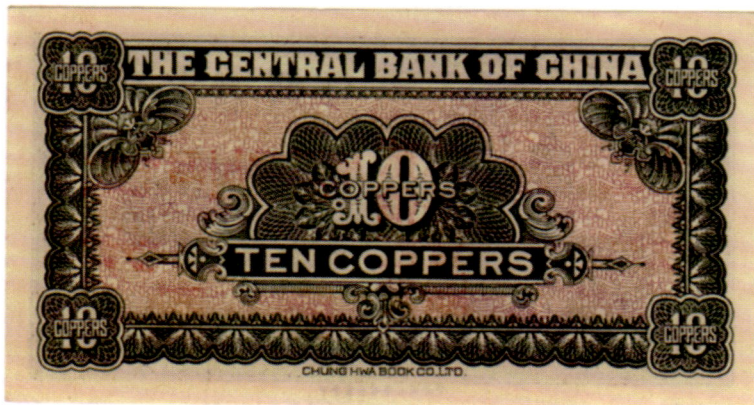

"中央银行"伍分券上的南京灵谷塔（2）

"中央银行"贰角伍分券上的南京灵谷塔

150

缅怀烈士， 英灵山上祭英灵

——东北军民抗日英雄事迹可歌可泣

1945 年 8 月 15 日，日本宣布无条件投降。其时，自 "北海银行" 1938 年 12 月 1 日在山东掖县（今山东省莱州市）成立并发行 "北海银行券" 以来，经过多年的努力，该券已成为山东革命根据地的本位币并在全境流通。

日本投降后，为适应解放区已大都连成片的现实和解放区日益扩大的金融需要，"北海银行" 根据斗争形式的变化，决定 "北海币" 不再加印地名，实行不分区统一流通使用。1946 年，"北海银行" 发行了一套八种不同颜色的一百元券，均以 "胶东抗日烈士纪念塔" 作为该券的主图。

1946 年发行的 "北海银行" 壹百圆券（正面均为 "胶东抗日烈士纪念塔" 图案）

1945 年春，在抗日战争行将胜利的前夕，为悼念在抗日战争中光荣殉国的烈士，中共胶东党委、军区、行署等发起了修建胶东抗日烈士纪念塔的倡议。此倡议得到了当地军民的热烈响应，他们纷纷捐款、捐粮、捐地、献工。该纪念塔由林松、张松和设计，塔址选在栖霞县的灵山上（现为山东省栖霞市英灵山），1945 年 5 月 1 日破土动工，于 1945 年 8 月 15 日日本投降之日落成，前后仅用了三个半月时间。

　　"胶东抗日烈士纪念塔"塔身高达 21 米，由 960 块麻眼大理石组合而成，呈六面形锥体，正面镌刻着"胶东抗日烈士纪念塔"9 个大字。塔身刻录着胶东特委书记理琪等 5 716 名烈士的英名。环绕着塔底下部，镂刻着由中国共产党胶东区党委，胶东区临时参议会，胶东区行政公署，八路军胶东军区司令部、政治部，胶东各界抗日救国联合会，胶东人民武装自卫委员会于 1945 年 7 月 7 日联合为"胶东抗日烈士纪念塔"所作的碑文（见附文），"胶东抗日烈士纪念塔"建成后，政府又相继在其周边建起了纪念堂和"烈士名录永垂千古塔"等，现在已成为当地著名的爱国主义教育圣地——胶东革命烈士陵园。胶东抗日烈士纪念塔碑文，全面深刻地记录了胶东儿女为保家卫国不惜牺牲、前仆后继的大无畏精神，歌颂了胶东人民支持抗战的决心和勇气，是一篇血与火的民族史诗，希望读者诸君都能一读，当得益匪浅。

胶东抗日烈士纪念塔

胶东烈士陵园

附文

胶东抗日烈士纪念塔序文

百年来，中国革命先烈在争取自由与解放的斗争史上，他们曾和民族侵略者与暴君们，进行过极其英勇壮烈的搏斗。在这漫长的残酷斗争中，他们有过胜利，也有过失败，然而他们不屈不挠的斗争意志与前仆后继的斗争精神，却永不泯灭的给予后代以光辉的楷模。我胶东人民，也承继了这一光荣的传统，特别在八年来的抗日民族解放战争中，无数的革命先烈英雄们，曾用了火热的鲜血，写出了中华民族解放的史诗。

回忆一九三七年七月七日，芦（卢）沟桥畔的抗日烽火，瞬息之间，即燃遍华北；日寇凶焰，亦迅速蔓延至山东，当时军阀韩复榘不战而逃，使我山东千百万人民，遭致了历史上的空前灾难。山东国民党政府地方官吏，或则囊括民脂，弃职逃遁；或则屈膝投敌，充当汉奸。我胶东地区之无政府状态，尤为严重。当此人心惶惶，抗战危机加深之际，我中国共产党胶东特委，发扬历来为人民、为民族解放事业而奋斗的革命传统，挺身而出！站在人民的最前列，并于三七年十二月二十四日，在胶东文登之天福山，树起一面"山东人民抗日救国军第三军"的民族解放大旗，从此胶东人民的抗日烽火，便如火如荼的燃烧起来。

三军成立不到两月，即创造了胶东抗战史上第一次胜利的雷神庙战役，光复了牟平，擒获了奸伪，几十只东方法西斯疯犬找到了坟墓。然而这次战役，最可惋惜的是我们山东人民抗日（救国）军第三军的领导人，中国共产党胶东特委书记，中华民族最优秀的儿子——理琪同志等，亦于是役壮烈牺牲。但他们的血，是没有自流的，他们的死，给后来胶东八百万人民，指出了争取解放的道路，鼓起了抗战胜利的信心。"谁说中国人民不能抵抗！"这就是当时胶东人民从沮丧到反抗一个敌忾感情的转折。

当三军发起之时，全体指战员不过二十余人，由于首在雷神庙一战的胜利影响，与紧接着福山、蓬莱、黄县、掖县的相继攻克，又由于三军一发起就在共产党的直接领导下，因而部队不但发展极其迅速，而且也迅速地接受了我中国工农红军的光荣传统——既能打仗，又能爱民。因此，成千成百的群众，自动捐输军粮，自动前来参军，在军民血肉团结、血肉相依的关系中，三军便真正成为胶东人民的子弟兵。

三八年九月十八日，三军奉命改名为八路军山东纵队第五支队，在华北八路军朱总、彭副司令的统一指挥下，坚持胶东抗战。八路军这名字在胶东传出不久，于十月十六日在平度大青阳一战，由于我指战员忠勇卫国，视死如归的牺牲精神，以最低劣的武器，杀伤敌寇二百余，接着又将栖霞与莱阳两城先后光复。于是八路军的威名，便传遍了全胶东。人民抗日的怒潮，愈加汹涌澎湃起来。

雷神庙与大青阳两个战斗，及其许多战役与战斗的胜利，仅是三军发起与改名为八路军时的一个胜利的历史序幕。自此以后，胶东八路军与胶东党、政、军、民，在坚持胶东抗战的八年中，曾经历了千百次的大小战斗与无数的艰险斗争。仅就具有决定胶东人民做奴隶或主人的命运这样性质的战役，就有四〇年粉碎敌人第一次对胶东所谓"六月大扫荡"；四二年粉碎三万敌人的"拉网式扫荡"；四四年秋季反"扫荡"与四五年海、莱边区反"扫荡"战役。在主动进攻敌伪的战役中，就有四〇年保卫平、招、莱、掖边区五打郭家店，血战苗圃河的战役；四四年夏季青黄路反"封锁"战役及秋季全胶东的对敌战役攻势；四五年春季讨逆战役攻势与夏季讨逆战役攻势。在坚持抗战、反对投降的斗争中，就有四一年"五月反投降"战役和无数次的自卫战斗。在这些决定胶东人民命运的伟大战役中，正和其他解放区的八路军、新四军一样，有无数的先烈们，是用尽了自己的心和力，血和汗，奋不顾身的和民族侵略者战斗！和奸伪战斗！和一切通敌叛国者战斗！他们又常常是在敌、伪、投三者配合夹击与"扫荡"中出生入死的搏斗！由于他们抱定为人民、为民族，不惜流尽最后一滴血的精神，八年来成千上万的先烈英雄们，用他们的鲜血和头颅，保卫了胶东人民的利益，惩罚了民族侵略者及民族叛卖者，创造了许多可歌可泣、惊天动地的群众英雄伟迹。

八年来，胶东人民子弟兵的历史，就是同敌人进行血战的斗争史，也是无数先烈英雄们为人民、为民族而流血牺牲的奋斗史。从天福山二十几个人的抗日起义，八年来创造了这样的功绩：胶东六百万群众获得自由解放，十二万平方华里国土被收复，文登、荣成、栖霞、海阳被光复，数万敌伪被杀伤，东、西、南、北、中五个解放区已联结成一片，抗日民主政府已普遍建立，新民主主义旗帜在胶东自由飘扬。这些灿烂史迹，我们应当归功于我们的先烈英雄们，没有他们的流血牺牲，就没有我们今天的自由解放。这些无数先烈英雄的典范，那就是我们中华民族最优秀的子孙，中国共产党最优秀的党员，八路军中最杰出的战士，群众当中最宠爱的英雄。如象中共胶东党的领导者、三军发起人理琪同志，胶东行政公署主任王文同志，军区战斗英雄任常伦同志及劳动英雄王彩誉同志等。他们是八年来先烈中革命英雄主义的集中表现者。他们那种崇高而伟大的革命英雄主义行为，其主要标志是：当与敌人搏斗时，不怕流血牺牲，前仆后继，视死如归；当受命工作时，则是不避艰险困难，积劳尽瘁，献身革命；为减轻人民负担时，他们就放下枪杆，拿起镢头，一面生产，一面战斗。他们时时不忘群众，并依靠群众，而又教育和提高群众，他们视群众如父母，如手足；他们保护群众利益，如同保护自己的眼睛一样，他们与群众的关系，如血肉，如家人。总之，他们的生与死，言与行都一切为着民族解放，一切为着人民利益，因而他们的一切都成为我们后死者的榜样。他们的英名和伟迹如同日月一样的千秋永存。

当此抗战第八周年之际，团结的、胜利的中共第七次全国代表大会胜利闭幕，全国人民的民主运动正蓬勃发展，解放区人民代表会亦将迅速在延安举行，中国人民配合盟国对日反攻的伟大节日即将到来。在国际上，世界法西斯罪魁德国无条件投降后，新民主主义的欧洲，正在生长壮大，欧洲反法西斯人民，现已获取和正在获取着民主的胜利果实。东方日本法西斯，虽尚在作困兽之斗，但他的命运已注定了要很快走上德意法西斯的末路。中国人民与中华民族的伟大解放事业，虽然前途还有许多困难和曲折，然而在伟大英明的中国人民舵手毛泽东同志的指导下，在先烈战斗的革命英雄主义的激励下，我们怀着足够信心，排除万难，绕过暗礁，最后战胜中华民族与中国人民的仇敌，来实现先烈未竟的遗志，完成先烈未竟的事业，为实现"联合政府"而奋斗！为建设独立、自由、民主、统一与富强的新中国而奋斗！

中华民族解放万岁！
革命先烈英雄们的伟迹和英名万岁！

中国共产党胶东区党委
胶东区临时参议会
胶东区行政公署
八路军胶东军区司令部、政治部
胶东各界抗日救国联合会
胶东人民武装自卫委员会

一九四五年七月七日谨序

参考文献

［1］戴建兵、盛观熙著：《中国历代钱币通鉴》，北京：人民邮电出版社 1999 年版。

［2］中国人民银行金融研究所编：《资本主义国家在旧中国发行和流通的货币》，北京：文物出版社 1992 年版。

［3］熊建秋编著：《中国人民货币钞币图录》，成都：四川大学出版社 2002 年版。

［4］赵隆业编著：《中国纸币的收藏与鉴别研究》，北京：北京出版社 1999 年版。

［5］北京市钱币学会秘书处编译：《中国硬币标准图录》，北京：北京出版社 1991 年版。

［6］北京市钱币学会编：《中国纸币标准图录》，北京：北京出版社 1994 年版。

［7］张新知编著：《人民币纸币集藏指南》，北京：知识出版社 2000 年版。

［8］中国人民银行《中国历代货币》编辑组编：《中国历代货币（公元前二十一世纪—公元二十世纪）》，北京：新华出版社 1999 年版。

［9］朱鉴清著：《外国银币丛谈》，上海：上海古籍出版社 1998 年版。

［10］张新知、王学文、乔传义著：《人民币特种票券鉴藏大典》，杭州：浙江大学出版社 2005 年版。

［11］［美］丁张弓良、张永华著：《中国军用票图录》，杭州：浙江大学出版社 2003 年版。

［12］李晓萍编著：《中国铜元图典》，杭州：浙江大学出版社 2000 年版。

［13］杨勇伟主编：《华中银行币》，上海：上海科技教育出版社 1994 年版。

［14］吴志辉、肖茂盛编著：《广东货币三百年》，广州：广东人民出版社 1990 年版。

［15］许光编著：《中国铜币图录》，哈尔滨：黑龙江人民出版社 2008 年版。

［16］徐枫、赵隆业编著：《中国各省地方银行纸币图录（1911 年以后）》，北京：中国社会科学出版社 1992 年版。

［17］徐枫、赵隆业编著：《中国商业银行纸币图录》，北京：中国社会科学出版社 1995 年版。

［18］徐枫、赵隆业编著：《日伪政权银行货币图鉴》，北京：中国社会科学出版社 1991 年版。

［19］戴建兵、陈晓荣著：《中国纸币史话》，天津：百花文艺出版社 2006 年版。

［20］马传德、徐渊编著，孙戈译：《辛亥革命时期货币（中英文本）》，上海：上海教育出版社 2002 年版。

［21］武菁、郭红娟著：《抗日战争纪事本末（1931—1945）》，合肥：安徽大学出版社 2008 年版。

［22］马传德等编著，陈启德译：《老上海货币》，上海：上海人民美术出版社 1998 年版。

［23］池振南著：《钞票上的中国近代史》，香港：香港太平书局 2011 年版。

［24］池振南编著：《中华百年货币——透过货币看历史》，广州：暨南大学出版社 2011 年版。

［25］池振南编：《钞票上的中国百年史》，北京：北京科学技术出版社 2012 年版。

［26］池振南编著：《钱事》，广州：花城出版社 2013 年版。